語学書ベストセラー100冊を研究して「最強の英会話本」を作ってみました。

全国通訳案内士
せとうち観光専門職短期大学講師
武智さやか

Gakken

留学、英会話教室、語学書の読み込み
でも上達しない原因

　突然ですが、これから英会話を本格的に学ぶ方はとてもラッキーです。なぜなら本書は、最短ルートで英語が不自由なくしゃべれるようになるための本だから。

　もちろん、これまでいろんな英会話学習をしてきた方にとっても、本書を一読したことを機に、英会話学習の上達が最短ルートに変更されるはず。ということは皆さん、ラッキーってことですね！

　なぜそこまで言い切ることができるか？　それは後で私の経歴を含めてお伝えすることにします。

　一生懸命英会話を勉強してきた方には、英会話教室に通って最低週1回はレッスンを受けたという方もいらっしゃるでしょう。最近ですと、オンライン英会話講座もだいぶ増えたので、好きな時にまとめて受講する方も多いかもしれません。ホームステイや留学までされた方も、たくさんいらっしゃるでしょう。

　英会話本を何度も繰り返して使い込んだ方も多いと思います。何冊も英会話本を買い込んでは使ってという方、あるいは英会話本に限らず語学書（本書では、英語学習の本全般を指す）をいろいろと買っては変えてという方も案外多いかもしれません。

でも、なかなか思うように英語がしゃべれるようにならない気がしませんか？

　実はその原因は極めて単純。自宅で手軽にオンライン英会話レッスンどころか、アメリカやイギリスに留学までしたとしても、**授業以外の時間で「自分で」学んで、練習しないと英語は上達しません。**留学してもしゃべれるようになる方とそうでない方の差は、独学で決まるのです。つまり、**英会話が上達しない方は「独学力」が不足している**のです。

　英会話本など書籍で学習する場合も、同じことがいえます。英会話学習に向いた本を正しく使わない限りは、上達への道のりは極めて遠いものとなります。これも独学力がない状態だといえます。

　私自身、現在は英語を教えるほかに、英語講師養成スクールの経営もしているのですが、これまで200名以上の英語指導者に出会ってきました。英語指導者の中には帰国子女でもなく、長期の留学経験もないのに、英語をしっかりと習得した方がいることが珍しくなかったのです。彼らがいったい、**日本にいながら英語をどのように身につけたか**を聞いてみました。すると**ほぼ全員の方が、**
「自分で家で英語の独り言を言っていた」
「洋画を観てフレーズを覚えた」
「発音を基礎から学び家で練習した」
など、自分に合う独学法を理解し、実践していたのです。独学力がいかに大事か、このことからもよくわかるでしょう。

「やること」より「やらないこと」を
決めるほうが大事

　私自身も、20歳まで英語が全く話せなかった状態から独学で英語を習得しました。恥ずかしながら英検3級に何度も不合格というレベルから、2年後には独学で英検準1級に合格。そして通訳ができるレベルにまで上達させることができました。

　またその後も8年のブランクを経て、妊娠中にたった2ヶ月の独学で英検1級に一発合格。TOEIC940点も取得。出産後はワンオペ育児をしながら、英語唯一の国家資格である全国通訳案内士試験に10ヶ月で一発合格することができたのです。

　自分のこの英語習得の経験からも、強く感じています。英語習得がうまくいくかどうかは「自力でいかに学べるか」、これで決まるということを。

　ただ多くの方が、自分で勉強しようと固く心に誓っても、挫折してしまう。そんな経験があるのではないでしょうか。

　今、自分自身の失敗を振り返り、また過去の私と同じように英語で悩む生徒さんたちを見て思うのが、自己学習がうまくいかない原因は「余計なことをやりすぎているから」。それに尽きます。

　ただでさえ、忙しい毎日。その中で優先順位が決して高いとはいえない英語の勉強に多くの時間を割くなんて無理です。そして、続きません。

　あなたが英語を上達させたいなら、今すぐすべきことは「やめ

ることを決めること」。そして、最低限必要な基本をまずは丁寧に習得する。

　これが独学を成功させる、そして結果として英語を上達させるための第一歩なのです。

英語が苦手だった私が
大学英語講師・通訳案内士になれた理由

　冒頭から偉そうなことを言っている私ですが、実は何を隠そう私自身が、余計なことをやりすぎ、遠回りし、英語習得に長年苦しんできた一人でした。

　現在私は、大学の英語講師やオンラインの英語コーチとして、学生、社会人、主婦、年配の方まで様々な方々の英語習得のお手伝いをしています。と同時に、英語のレッスンをしていきたい先生に向けてのサポートを行うスクールも経営しています。

　このように英語を使って仕事をしている私ですが、実は15年前まで、全く英語ができませんでした。

　中学校時代に市の海外派遣事業に参加し、タイの学校で現地の学生さんと2日間交流する機会があったことをきっかけに、「海外の人ともっと仲良くなりたい！　たくさんおしゃべりしたい！」「もっとその国のことを知りたい！」と、海外に興味を持っていきました。

　そんな想いがある反面、学校の英語の授業に全くついていけず、いつの間にか英語が苦手科目に。成績はどんどん下がっていき、大学入試は英語の点数が足をひっぱり、ずっと行きたかった教育学

部に全て不合格…。唯一受かった大学に進学するも、毎日ある英語の授業に苦戦する日々。

「自分のこの英語力を何とかしたい…」と思っているのに、どうしたらいいかわからない。英会話教室に通うようなお金もない。

そこでアルバイトをしてお金を貯め、度々書店へ行ってよさそうだと思った語学書を買い、その本に書いてある勉強法を試す、ということを繰り返しました。

サボったりせず自分なりに努力していたのですが、英語力は一向に上がらず、語学書だけがどんどん増えていく、そんな状態になっていたのです。

そんな調子で20歳まで英語が全くできなかった私ですが、その後は本編で詳しくお伝えしますが、効果がしっかり出る勉強法に気付くようになりました。2年後には海外の友人がたくさんでき、彼らを日本の観光名所に案内したり、通訳のお仕事を経験したりと、日常や仕事で英語を使うことができるようになり、大学卒業時には独学で英検準1級を取得していました。

私が短期間でここまで変化した理由は、私の言語習得能力が劇的に上がったわけでも、急に語学のセンスが身についたわけでもありません。

「やらないことを決め、本当に英語力がつく学習法を実践できるようになったから」。つまり「独学力」、これが身についたからだけなのです。

効率的な学習法を見つけてからは、周囲に指導することも増えました。すると、3ヶ月で英検1級合格をはじめ、英検準1級や地域通訳案内士試験などに合格させることができたのです。

300冊の中から100冊を厳選し、いいとこどりした最強の学習法

さて、やめることを決めて独学できるスキルを身につけるために、あなたに必要になってくるものは何でしょう？
そうです。「勉強するための語学書」ですよね。

ここで、質問です。
あなたの部屋に、張り切って買ったのに使わずに終わった語学書はどのくらいあるでしょうか？
もしくは、語学書を買いに書店に行ったのに、結局どの本を買えばいいかわからず適当に本を選んで帰った。そんな経験はないでしょうか？

実際に、私の生徒さんたちからも、
「どの本を買うかいつも迷う」
「どの教材を使えばいいかわからない」
そんな悩みを、たくさん聞いてきました。
特に英語のベストセラー本は良書が多く、書店に行ってはみたものの、どれを選べばいいかわからない、と悩む方も多いのです。
そこで今回、これまで私自身が遠回りして英語を学んできた経験、

またそのような生徒さんたちをサポートしてきた経験、そして300冊以上の語学書を買って読んできた経験がある私だからこそ、提案できる勉強法をお伝えしたいと思い、本書を執筆することにしました。「英語が話せない。でも何から始めたらいいかわからない…」。そんな過去の自分と同じように悩む方の力になりたい。この想いから今回、これまで使った300冊以上の語学書の中から100冊のベストセラー本をピックアップし、そこに書かれている重要ポイントを厳選。さらには私の学習と指導の経験も総動員して盛り込むことで、最短ルートで英語がどんどん話せるようになる本を作りました。

100冊から、どのようにして
勉強法とトレーニングを編み出したのか

　繰り返しになりますが、本書は300冊以上の語学書を使い込み、その中から「ベストセラーであると同時に、単に売れただけでなく内容ももちろん良質の100冊」を選出し、その100冊の内容から導いた最適な英会話の「学習法」と「トレーニング」を、1冊にまとめたものです。

　つまり、英語学習法を知るだけでなく、それを知ったうえでトレーニングを積むことができるのです。

　100冊の選出では、下記の条件を全て満たすものをピックアップしました。
- 英語の勉強法やノウハウを提供している書籍
- 平成元年以降（1980年代以降）に出版された本

● ベストセラーやロングセラーとして多くの方に読まれた本（語学書を手掛けられてきた編集者の方などにご協力いただき、発行部数や増刷の回数などを調べて選出しました）

※100冊のリストは本書の最後に掲載しております。

　ピックアップした100冊を読み進める中で、気が付いたことがあります。

　それは、「言いたいことが英語で口から出てくるようになる」「英語が話せる状態になる」ことを達成するのがゴールであれば、やるべきことは限られているということ。

「英語ができる」の定義って、人それぞれです。英語で最低限の会話ができることを指す人もいれば、英語でどんなことも瞬時に言えてしまう、発音がきれいということを指す人もいます。**そのゴールによって、やるべき勉強は変わってくるのです。**

　もしあなたが、きれいな発音でペラペラ話せるようになりたいと思っているなら、たくさんの構文を覚えたり、長い文章を読んだりするだけでは、たどり着きません。

　本書では、ゴールを「英語で自分が言いたいことが言えるようになること」と設定しています。そこでやるべきことは、次の3ステップ。

【ステップ1】単語をたくさん覚えるのをやめる

【ステップ2】日本語を英語に訳すのをやめる

【ステップ3】文法を学ぶのをやめる

冒頭でもお伝えしましたが、英語学習で大切なのは「やめること
を決めること」。英会話ができるようになるためにまず、やらなくてい
いことを知り、遠回りな勉強方法をやめるべきなのです。

　多くの方が余計なことをやりすぎることで時間もお金も無駄にし、
結果長年学んでも英語が習得できない、という事態に陥っているか
らです。

　では、その「正しい順番」であり「**最低限のステップ**」とは何なのか?
それがこの3つのステップとなります。

　この3ステップに沿ってどのように英語学習を進めていくのかを、
第1章から第2章で学びましょう。

　そして第3章では、実際にその3ステップを踏んで、英会話トレー
ニングを積んでいきます。

　英語学習に悩む方の9割が、しなくてもいいこと、レベルに合って
いないことをしてしまっていることで、遠回りして、時間を無駄にして
います。

　そんな方を一人でもなくして、早く英会話を習得してほしい。そん
な想いでこの本を書きました。

　一人でも多くの方が、挫折せず上達を感じ楽しみつつ、英会話
が難なくできるようになれば、これ以上の幸せはありません。

                                   2023年2月　武智さやか

目　次

第1章
単語を覚えたいなら
単語帳を捨てましょう

【1】単語は数より深さ

【2】最強の単語の覚え方はこれ!

第2章

直訳はするな！
まずは日本語を噛み砕け

【1】英語が話せない原因は
「英語力」よりも「日本語力」

【2】覚えるべきは「英文法」よりも
「英文の組み立て方」

【3】最強の英会話習得法はこれ!

最短で最高の成果を出す50のトレーニング

装丁デザイン	菊池 祐
本文デザイン・DTP	間野 成
イラスト	ありす智子
音声制作	一般財団法人 英語教育協議会(ELEC)
ナレーション	Howard Colefield、武智さやか
校正	日本アイアール株式会社、小林達也
企画協力	長倉顕太、原田翔太(The Authors'Club)
装丁写真	Shutterstock.com/New Africa Shutterstock.com/Africa Studio

🦻⑼ 音声のご利用方法

本書の例文の音声は、以下の❶〜❸の方法で
聞くことができます。

方法 ❶
スマホなどでQRコードを読み取り、ブラウザ上で再生する

第3章の各単語の冒頭にある左上の耳のアイコン⑼の近く
に記載されているQRコードをスマホなどで読み取ると、「例
文【日本語の読み上げ→（しばらく間がある）→英語の読
み上げ】の音声を、ブラウザ上で再生できます。

方法 ❷
音声再生アプリで再生する

下のQRコードをスマホなどで読み取るか、下のURLにア
クセスしてアプリをダウンロードしてください。次に、アプ
リを起動して『語学書ベストセラー100冊を研究して「最強
の英会話本」を作ってみました。』を選ぶと、端末に音声が
ダウンロードされます。

https://gakken-ep.jp/extra/myotomo/

MP3形式の音声ファイルを
ダウンロードして再生する

下記のURLにアクセスし、サイトのページ下方にある【語学・検定】から『語学書ベストセラー100冊を研究して「最強の英会話本」を作ってみました。』を選ぶと、MP3形式の音声ファイルがダウンロードされます。

https://gakken-ep.jp/extra/myotomo/

●ご利用上の注意点

お客様のネット環境およびスマホやタブレット端末の環境により、音声の再生やアプリの利用ができない場合、当社は責任を負いかねます。また、スマホやタブレット端末へのアプリのインストール方法など、技術的なお問い合わせには対応できません。ご理解をいただきますようお願い申し上げます。

単語を覚えたいなら
単語帳を捨てましょう

【1】単語は数より深さ

これ以上単語は覚えなくていい

「英語が話せるようになりたい！」。そう思っているのに、「語彙力がないから話せない」「自分の言いたいことが口からなかなか出てこない…」。そんな悩みをお持ちではないでしょうか。

　私自身の経験からも、そしてこれまでこのような悩みを抱えているたくさんの方と出会う中でわかったことがあるのです。それは、語彙力がないと悩んでいる方のほとんどが、実は話すのに十分な英単語の知識を持っているということです。

　一見不思議な現象ですが、どういうことかというと、「単語の知識があるのに、それを使いこなすことができていない」という状態となります。

　では、なぜ使いこなせないのか。その原因は2つあります。

　1つ目の原因は、単語を"深く"知らないこと。

　私がベストセラー100冊を読む中で、多くの本に書かれてあったのは、「単語は中学レベルで大丈夫」だということ。

　実際に『海外ドラマはたった350の単語でできている』（Cozy ／西東社）には、海外ドラマを分析した結果、超基本の350の単語があれば日常会話ができ、その単語の90%以上が中学の時に習うものだと書かれていました。つまり、本書を読んでくださっている方の多くが、既に十分会話ができるだけの単語に出会っているのです。

　それでも「会話ができない」「うまく自分の言いたいことが伝えら

れない…」と悩む原因は、単にその知っている単語を深く知らない
ことにあるのです。

　あなたは、こんな経験をしたことがないでしょうか。
　英語で書かれた文章を読んでいるとします。その中で「あ、これ知っ
てる単語だ!」と思って日本語に訳してみたのに、なぜか意味が自
分が思っているものと違っていた。
　その原因は実は、単語には複数の意味があるのにその意味を
知らないままでいること、なのです。

fireの「火」以外の意味、すぐに言えますか?

　例えばfireという単語。「この単語の意味は?」と聞かれると、何
が思い浮かびましたか?　恐らくほとんどの方が、「火」という日本
語がパッと思い浮かんだのではないでしょうか。
　でもfireという単語には「解雇する」という意味もあるのを
ご存知でしょうか(ちなみに「早期リタイア」のfireはFinancial
Independence, Retire Earlyの略語なので、違います)。
　この「解雇する」という意味でのfireは、実際に会話でも文章中
でもよく使われていますが、この「解雇する」の意味があるというこ
とを知らないと、全く理解できないのです。

　こんなふうに1つの単語にはいくつも意味があり、当たり前に
知っている単語でも実は別の意味が隠されていることがあるの
です。そのため、1つの単語を深く知っておくことが、語彙力を増

やす上で飛ばしてはいけない重要な工程となります。

　語彙力を伸ばそうとするとつい、単語の数を増やそうとするけれど、実はそうじゃない。「単語は、数よりも深さ」なのです。

　以下に、一部の英単語を並べてみます。（　）内にある日本語が、その単語の意味となります。（　）内の意味も、英会話ではよく使われれるものです。

break（中断する、（お金）をくずす）／ catch（（バスや飛行機）に間に合う）／ come（捗る）／ get（〜を理解する）／ give（（病気）をうつす）／ hear（〜を理解する）／ keep（（日記・記録・メモを継続的に）つける・とる）／ look（〜の方を向いている）／ mean（意地悪な、ケチな）／ meet（（義務・要求）に応じる・満たす）

　これらの中で、日本語の意味がパッと出てくる単語はいくつあったでしょうか？

　そして、もうお気付きの方も多いと思います。ここに羅列している単語はどれも比較的簡単な、基本単語ばかり。そう、英会話ができるようになるための単語習得は、「広く浅く」よりも「狭く深く」が正解なのです。

単語もファッションアイテムも同じ

　さて、単語の知識があるのに、それを使いこなすことができていない。そのもう1つの原因は、単語の使い方を知らないこと。

　単語って、文章を組み立てるためのパーツでしかありません。英

会話が苦手な方は、そのパーツを単体で覚えたとしても、これを文章の中でどう使ったらいいかわからないため、文章を組み立てられないのです。

　分かりやすく、ファッションに例えてみたいと思います。

　ブランド品のシャツとパンツ、そして靴を買ったとしましょう。「そのシャツを、持っているどのパンツに合わせようか？」「買った靴は、家にあるどの服に合うかな？」といろいろと考えると思いますが、うまくコーディネートできなければ、その服や靴を使いこなせないですよね。1つ1つのアイテムがよいものでも、コーディネート次第では台無しになってしまいます。

　結果として、せっかく服を買っても使いこなせずにそのままクローゼットで眠っている…、そんな経験はないでしょうか。

　これは単語でも同じこと。せっかく意味を覚えても、この場面ではこの単語を使おう、とコーディネートすることができなければ、単語はその価値を十分に発揮せずに終わってしまいます。覚えたら終わりでは、決してないのです。

　余談ですが、私は服のコーディネートが苦手。自分で買ったのにうまく着こなせない。そんな経験は山ほどあります…。なので服を買う時は、お店の方に必ずコーディネートを相談して、家にあるどの服と合わせられるのか確認して買うようにしています。

　単語も同じ。覚える時には、使いこなし方も学ぶ必要があるのです。

【2】最強の単語の覚え方はこれ！

単語を知っていれば、
その単語が使えるとは限らない

　では、単語を実際にどのように覚えていくのがいいのか。そして単語を使いこなせるようになるのには、どうしたらいいのか。

　まずは、私自身の体験談からお話しさせてください。

　英語に苦戦していた高校時代。大学受験を目指していた私が、毎日行っていたことがありました。それは、行き帰りの電車の中で「単語帳を読むこと」。単語とその日本語訳を見続ける。それを高校2年生の冬頃から、1年以上毎日続けていたのです。

　それにもかかわらず、実際に試験を受けるとわからない単語だらけ。センター試験でも思うように点数が伸びず玉砕。

　なんとか大学に進学できた後、ネイティブの先生の授業を初めて受けた時、衝撃を受けました。何を言っているか全く聞き取れず、話そうとしても全然単語が出てこないのです。

　あれだけ毎日せっせと単語を覚えていたのに、全く身についていない…。ショックでした。

　英語の学部だったので、このままではヤバイ。

　そう焦っていた時、私の祖父が学生の頃にNHKのラジオ英会話を使って英語が話せるようになった、という話を聞いたことを思い出したのです。

自分もやってみようとNHKのラジオ英会話テキストを購入。すると、中身を見た時に思ったのです。

「**意外に簡単な単語ばかりだな**」。正直、少し物足りなさを感じた自分がいました。

　でも、実際にそのテキストで勉強を始めてみると、その**簡単な単語が聞き取れないし、使いこなして話せていない自分に気付いた**のです。「私は、こんな基本的な単語すら聞き取れていなかったのか」と、再びショックを受けました。

　そこから単語の勉強法を知りたくなり、いろいろな英語の勉強本を買って読み進める中で驚きました。**英会話の勉強用の本に書かれている単語やフレーズが、同じようにどれも簡単なものばかり**だったからです。「単語を知っていることと使えることは全く別物」。これを痛感した瞬間でした。

英検準1級もこれで合格！
語彙力の正しい身に付け方

　それと同時に、疑問に思ったのです。「なぜ単語を知っているのに、使いこなせないんだろう?」と。

　NHKのテキストや他の語学書を読み進めていく中で、あることに気が付いたのです。

　それは、簡単な単語なのに意味がわからないことが多々ある、ということでした。

　1つ私が印象的だった単語との出会いについて書きます。

It works. この表現、あなたはどんな意味かすぐわかりますか？私はというと、「『それが働く。』ってどういう意味??」そう思いながら日本語訳を見ると、「うまくいく」。なんでそんな訳になるの?? これ、本が間違ってんじゃないの？と訳を疑いながら辞書で単語を調べると、workには「うまくいく」という意味があるということを、その時初めて知ったのです。「work＝働く」しか頭になかった私には、衝撃の出来事でした。

その後もこのworkのように、中学校の時に学んだ一見簡単だと思っていた単語の意味を、自分が表面的にしか捉えていなかったこと。それと、そういった**シンプル**な単語こそ、**英会話をする上では重要な役割を握っている**ということに気が付いたのです。

そこから単語を覚え直そうと、また新しい単語帳を使って単語を覚え始めました。「これまでは難しい単語を覚えようとしていたけれど、簡単な単語の意味から覚えよう!」と。

そう思っていたのですが、これもまた挫折。なぜなら単語単体を暗記しても、覚えられず、また覚えたとしてもすぐ忘れてしまうからです。

シンプルな単語が重要なのはわかった。でもどうやって覚えればいいのか…。そうやってまた行き詰まった時に、語学書を読み漁りわかったことがありました。それは**「英語を単語に分解するから失敗する」**ということ。

野口悠紀雄先生の『「超」英語法』（講談社）に、こう書かれて

いました。

「日本語は個々の単語に分けられていて、それが集まって文章になっている。しかし英語は、違う構造の言語。1つ1つの単語を抜き出して単語帳に書き、単語をそれぞれ孤立したものとして覚えようとしても、意味がない」。

　この言葉にハッとしたのです。そうか、バラバラに覚えていたからダメだったんだ。文章として、覚えないとダメなのか！　そう気付いた私は、単語の覚え方を変えることにしたのです。

単語帳を捨てても、
英検準1級に合格できる

　そこから私がやった単語の覚え方というのが、書籍やテキストで出会った文章を丁寧に精読することでした。その文章を丁寧に訳し、わからない単語を調べて意味をノートに書く。そしてわからない文法や構文があれば調べていく。そうすることでシンプルな単語が持つ、それまで知らなかった意味も、文章の中での使われ方から推測できるようになり、そして記憶に定着することで少しずつ語彙が増えていったのです。

　実際に、『瞬間英作文』シリーズで有名な森沢洋介先生の『英語上達完全マップ』（ベレ出版）にも、語彙を増やすためのステップとして「例文を読み、その中で単語がどのように機能しているかを紐解いていくことが重要だ」と書かれています。

　さて、そうやって単語単体ではなく、文章の中での使われ方に

着目して単語を覚えるようになり、それまでかじりついて見ていた単語帳は全く開かなくなりました。むしろ自分がわからない単語だけをまとめたノートを作り、それを毎日持ち歩いて単語を繰り返し見る、ということをやり続けて半年。

なんと英検準1級に合格するレベルまで、語彙を増やすことができたのです。

この時わかったこと。それは、**単語帳は買うものではなく作るもの**。自分がわからない単語をまとめた単語帳が最強だということでした。西澤ロイ先生の『頑張らない英語学習法』（あさ出版）にも、「理想的なのは、出会った単語や熟語などを元に「単語帳を自分で作ること」と書かれてあります。

別の方法としては、例文を書いてもOK。単語だけよりは手間が発生しますが、例文とセットにすることで、より記憶に定着するからです。

語彙力が身に付く最強の3ステップ

さて、ここまでお伝えしてきた100冊の本を読む中で分かったこと、またそれを実践した私自身の経験から、語彙力強化のために本書を使ってやっていただくことを最後にまとめてお伝えします。

ズバリそれは次の3つ。

1）**文章などで出会った知らない単語の意味を調べる**

2）**その単語と関連する単語も一緒に確認する**

3）**何度も見て記憶に残す**

1) 文章などで出会った知らない単語の意味を調べる

　単語の意味がたくさんある中で、どの意味がここでは使われているのかを知りましょう。文章の中で出てくる単語を覚えていくことではありますが、「単語を覚える＝日本語の意味を丸覚えすること」ではありません。

　先ほどお伝えしたように、**単語単体で意味を丸暗記しても使えない上に忘れてしまいます。実際に文中に使われている単語を、どんな意味でどう使いこなすかを"理解する"ことが重要なのです。**

　単語の意味を調べる時に忘れてはいけないのが「意味を深掘りすること」。当たり前に知っていると思う単語でも、調べてみると意外な意味を持つことがあります。

　守誠先生の『英会話・やっぱり・単語』（講談社）にも、「中学英語に出てくる単語を上手に利用すると、大人の世界で使える英語に化ける。単語の数を増やすのではなく幅を広げることが重要」と書かれていました。まさにその通りで、新しい単語との出会いを増やすよりも先に、**既に知っている単語を私たちはもっと使い倒すべきなのです。**

2) その単語と関連する単語も一緒に確認する

　2つ目は、忙しい毎日の中で効果的に単語を増やしていく方法です。それは、単語を1つ1つ単体で覚えるのではなく、他の単語と関連付けて確認すること。

　例えばmove という単語、あなたも知っていると思います。パッと出てくる日本語訳は「移動する」とか「動かす」ではないでしょうか。

ここから、このmoveという単語をいろいろな方面に広げていきます。

1. moveと“反対の”意味を表す単語は？

2. moveと“同じ”意味を持つ単語は？

3. moveの“動詞以外”の使い方は？

4. moveと“似ている”意味を持つ単語は？

5. moveを使う“表現”は？

（※答えは右側のp29にあります）

といったように派生して覚えていくことで、クモの巣のように語彙がどんどん広がっていくのです。

　実際に、尾崎哲夫先生の『私の英単語帳を公開します！尾崎式の秘密』（幻冬舎）に書かれている効率的な英単語の覚え方として、似た意味の単語や派生語を関連付けて覚える方法が書かれています。

　大人気の清水健二先生・すずきひろし先生の『英単語の語源図鑑』（かんき出版）シリーズもまさに、同じ接頭辞・接尾辞をそれぞれ理解し、同じ仲間として一緒に覚えていくことで語彙を増やすというやり方を提案しています。

3）何度も見て記憶に残す

　同時通訳の神様として知られる國弘正雄先生の『國弘流英語の話しかた』（たちばな出版）には、國弘先生が学生時代、教科書を500回、多い時には1000回以上音読したというエピソードが書かれていました。

　人は忘れる生き物。忘れるのが当たり前。むしろ何度も忘れて

思い出す、この過程で記憶に定着していくのです。第3章からお伝えするトレーニングも、何度も繰り返すことで記憶に定着させていきましょう!

※ p28の答え(あくまで一例)

1. moveと"反対の"意味を表す単語は?
答:stop(moveが「動く」の意味なので「止まる」を意味する単語となる)

2. moveと"同じ"意味を持つ単語は?
答:shift(「移動させる」の意味を持つ)

3. moveの"動詞以外"の使い方は?
答:名詞で「引っ越し」という意味に

4. moveと"似ている"意味を持つ単語は?
答:act、action、changeなど

5. moveを使う"表現"は?
答:move on (先に進む)

直訳はするな！
まずは日本語を噛み砕け

【1】英語が話せない原因は「英語力」よりも「日本語力」

単純な英語で表現できるように、日本語を言い換える

　突然ですが、コロナウイルスの流行により自宅にいる時間が増えて、運動不足になってしまった。あなたはそんな状況に陥っていませんか?

　さて、この日本語の文「運動不足です。」。あなたならこれを、英語でどう表現しますか?

　パッと出てこなかったかもしれません。そんなあなたこそ、ぜひこのまま本章を読み進めてくださいね。

　実は本章で最もお伝えしたいのは、英語ではなく「日本語」の話です。

　「何言ってるの? この本って、英語の学習本じゃないの?」と思われた方もいらっしゃるかもしれません。そうです、英語の本です。でも英語の学習をする前に、多くの方がこの「日本語」の部分でつまずいてしまっているのが事実。

　さて、先ほどの「運動不足です。」。この日本語を見た時に、「運動不足って英語で何って言うんだろう?」と考えた人はどのくらいいるでしょうか? もしくはインターネットで、「運動不足　英語」と検索しようとした方も多いかもしれませんね。

　実はそうやって日本語を見てそのまま英語で表現しようとしてし

まうことが、英会話力が上達しない大きな原因の1つ。

　英会話を学ぶ上で、全員が必ず知っておくべき大切な原則があります。

　それは「英語と日本語では構造が違う」。

　だからそもそも、そのまま訳すなんて不可能なのです。

　私たちは学生の時から英語を読み、分からない単語があれば辞書で調べるということをしてきましたが、その辞書に書いている日本語さえも、誰かが解釈して訳したもの。絶対的な正解ではありません。

　そもそも言葉は使う人の文化によっても捉え方が変わります。ですので、そっくりそのまま日本語を英語に置き換えようとしても、限界があるのです。

英語の世界では
日本語のルールは通用しない

　ではどうすれば、この英語と日本語の差を埋めることができるのか。それは、相手の言語ルールに当てはめて考えることです。

　海外の国に入国したら、その国のルールに従わなければならないですよね。言葉も同じです。その言葉が持つルールを知って、従わないといけないのです。

　では早速、英語と日本語それぞれにあるルールをお伝えします。

1、日本語は曖昧、英語は具体的。

2、日本語は名詞を、英語は動詞を大切にする。

3、日本語は大切なことを後に、英語は先に言う。

ルールはこの3つ。1つずつ解説していきますね。

1、日本語は曖昧、英語は具体的。

　まず、次の日本語の文を読んでみてください。

「私は社会人です。」

さて、これを英語で言うとしたら、あなたならどう表現しますか?

「社会＝society」と訳してそのまま表現してしまうと

I am a society person ??

などと意味の分からない英文になってしまいますよね。

　ここで必要なのが、日本語を噛み砕くという作業。その言葉が具体的にどういう意味なのか、何を伝えようとしているのかを深掘りする必要があるのです。なぜなら、日本語はこのように抽象的で曖昧な表現が多いから。そこで**具体的に何を言いたいのかを明確にし、補足をしないと英語で表現することができない**のです。

　ではその補足を入れながら英文を作っていくのですが、そもそもの前提としてこの話し手がどんなことを伝えようとしているのか。それによって表現は変わってきます。

　例えば「私は仕事をしているんだ。」と伝えたくて、「社会人」という表現を使っている場合、

I am an office worker.

I am a worker.

のどちらも正解なのです。

このように、「社会」などと抽象的で私たち日本人でも定義しにくい表現が、日本語には多い。それを英語で表現するためには、この日本語を「噛み砕き、具体的にする」という作業が必要なのです。日本語の単語そのものに惑わされずに、真の意味を捉えていくことが必要なのです。

2、日本語は名詞を、英語は動詞を大切にする。

日本語は名詞が主役。英語は動詞が主役といわれています。

「運動不足」。この言葉はまさに名詞ですよね。**英語は動詞が主役の言語なので、英語に訳す時は動詞を中心に考えると文が作りやすくなります。**

そして実はここでもう1つ、日本語と違うルールが加わります。それは、「文章に必ず主語が必要」だということ。

例えば日本語で「今日めっちゃ暑いな〜」と誰かが言ったら、この発言している人が暑いと感じていると分かると思います。「今日、私はめっちゃ暑い」なんて主語を入れようとすると、かえって不自然ですよね。

でも英語では必ず主語をつけ、"It's very hot today."と表現します。

つまり、英文を作ろうと思ったら、まずは「主語と動詞を何にするか」を考えなければいけないのです。

　以上の2つのルールを知った上で、先ほどの「運動不足」という日本語を英語に変換してみましょう。

　まず、曖昧な日本語を噛み砕きます。「運動不足」とは、つまり「運動ができていない、足りていない」ということですよね。

　とはいえ、そのまま「足りていない」「不足している」と考えると、不足って英語で何って言うんだろう？と、また行き詰まってしまいます。

　そこでもう一歩深掘りします。「つまりそれって、結局どういうことを言いたいのか」を考えてみると、「今、自分には運動が足りていなくて、身体をもっと動かすことが必要だ」となります。

　そしてもう1つ。英語に必要な「主語」と「動詞」、これを何に設定するかです。

　ここでは、「私はもっと運動が必要です。」と表現できるので、これを英語で表現してみると、

I need more exercise.

と文が作れます。そうです、中学で学ぶ単語ばかり。exerciseだけは中学レベルを超えていますが、「エクササイズ」は日本語でもよくそのまま使われているので、私たちにも馴染みがあると思います。

　まさにこの、日本語を噛み砕いて、できるだけ簡単な文で言い換えること。これが英会話の上達に欠かせないのです。

「運動不足」という名詞のままで考えてしまうと、これを直訳しようと

してしまうので単語が長く難しくなってしまいます。

　それを「私にはもっと運動が必要。」と主語、動詞を使ってシンプルに表現すると、簡単に英文を作ることができるのです。

　長部三郎先生の『伝わる英語表現法』（岩波新書）に「日本語と英語は違う言語。だから訳すのではなく、伝えるという認識を持つこと」と書かれていますが、まさにこれが日本語を噛み砕いてわかりやすく伝えるということなのです。

　よく「英会話は中学英語で大丈夫！」と言われますが、それは伝えたいことを噛み砕いて考えることで、難しく思える日本語でも簡単な英単語で表現することができるからなのです。ただし、すぐにやみくもに中学英語を使うのではなく、その前に英訳しやすい日本語に言い換えることを忘れないでください。

　第3章からはトレーニングをしていきますが、深く知るべき単語ごとにパートを構成しました。もちろんどの単語も深く知っておいたほうがいいのですが、単語として選んだのは動詞、それも基本的なものが中心。

　というのも、ここでお伝えした通り、英語では動詞が重要だからです。そこで動詞を最優先としました。動詞さえ押さえておけば、かなりいろんなことが言えるようになりますよ。

3、日本語は大切なことを後に、英語は先に言う。

　さて、最後に3つ目のルールについて解説していきます。日本語を噛み砕けるようになり、主語と動詞を設定できたら、最後は文の組み立て方だけ。

　そこで必要となってくるのが「英文法」。英文法は、英文を作る時のルール。このルールに沿って作っていくことが必要になるからです。

　さて、ここでは英語を話すための最低限知っておくべきルールをお伝えします。それは「語順」です。

　語順に関して覚えておいておきたいのは、実は次の2つだけ。

1）主語・動詞からスタート
2）まずは全体像から

1）主語・動詞からスタート

　これは先ほどの「日本語を噛み砕く」というお話でもお伝えしましたが、英語には必ず主語、そして動詞が必要です。日本語は省略されることが多いですが、英文を作る時（英文に言い換える時）には「どちらも必ずつけましょう」とお伝えしました。

　その時の順番は、通常の文章でしたら基本的には主語・動詞の順番になります。

　この主語と動詞を決める時のポイントは、できるだけ最初は人間を主語にすること。そうするだけでシンプルに文を作ることができるのです。

例えば、よくやりがちな間違いなのですが
「私の趣味はテニスをすることです。」
これを英語にするとしたら、あなたはどう表現しますか?
「私の趣味」とあるからMy hobby is playing tennis.という文がパッ
と浮かんだかもしれません（これでも間違ってはいませんが）。
　でも、先ほどもお伝えしましたが、英語と日本語は別の言語。そ
のまま直訳はできません。

　先ほどのように、日本語を噛み砕くと「趣味＝好きなこと」と言い
換えることができます。
　つまり、「自分が好きなのはテニスをすること」と、相手に伝えるこ
とになります。その時に、英語の特徴である主語、動詞は何に設
定するのかを考えます。その時に、できるだけ人を主語にすること
で
I like playing tennis.
とスッキリ表現することができます。相手にもこのほうがすぐに伝わり
ます。

　中山裕木子先生の『会話もメールも英語は3語で伝わります』（ダ
イヤモンド社）にも書かれていますが、日本人の英語は長くなりがち。
主語（I）・動詞（like）・目的語（playing tennis）の3つで基本的に
表現できる、と書かれています。
　この基本形を使うことで、最低限の単語数でシンプルでわかりや
すい英文を作ることができます。

最後に、この英文を作る時に意識するといいのが、「長い文章を作らなくていい」ということ。

　文章を作ろうとする時に、接続詞などを駆使して文を繋げて長い文章を作ってしまって、結局は途中で話せなくなってしまう、なんて経験はないでしょうか。

　日本語ではなかなか句点「。」にたどり着かずに長くなっているからといって、英文も長くする必要はありません。途中でピリオド「.」やカンマ「,」を適宜打ってください。

　しつこいようですが、日本語から英語にそのまま訳すことはできません。ですので長い文章であっても、少しずつ文を区切って作るようにすると会話もスムーズにできるようになっていきますよ。

2）まずは全体像から

　英語には「文の最初は簡潔に。まずは大まかな情報から伝える」という特徴があります。次の例文を見てください。

「毎日ピアノを練習するのは大変だ。」

これをそのままの語順で英文に変換すると

To practice the piano every day is hard.

と表現できます。でも、主語の部分が長く、頭でっかちになってしまっていますよね。

　相手にわかりやすく届けるようにするには、**冒頭はできるだけ短くシンプルに**。そして全体像から伝えたいので、

長い主語をItと置き換えて、

It is hard to practice the piano every day.

とすることで、聞き手にとったら「大変だと感じていることがある」という話の概要、全体像が先に伝わるのです。次に何が大変なのかが明らかになる、という流れになります。

　この1）2）の2つのルールを意識することで、シンプルで伝わりやすい英文が作れるようになっていきますよ。

　以上の説明を読んで「難しそうだな…」と思ったあなたも大丈夫。英語はお勉強ではなくスポーツと一緒。自転車に乗れるようになるのとも一緒です。やっていくうちに、自然と身についていきます。

　誰だってできるようになると気楽に考えて、今から一緒に練習していきましょう！

　ではここで、次の第3章からの本格トレーニングに向けてのウォーミングアップとして、この言い換え力をアップさせるために、いくつか日本語を噛み砕き、そして英文を作る練習をしてみましょう。

1、私が借りているマンションは駅から歩いて10分です。
2、覚悟ができました。
3、かかりつけのお医者さんのところに行きます。
4、雲泥の差です。
5、それは禁句です。
（※答えと解説はp50 ～ 51）

【2】覚えるべきは「英文法」よりも 「英文の組み立て方」

文法書は「英語を話す前に読む」のではなく 「辞書のように使う」

　最後に、文法学習に関して今日から実践してほしいことがあります。それは「**文法書を使って勉強するのはやめましょう**」ということです。

　誤解しないでいただきたいのが、文法書は不要だと言ってるわけではありません。文法書は必要です。しかも「文法にめちゃくちゃ詳しくなりたい！」という方は、毎日文法書を読む必要があるかもしれません。

　ただ、本書はあくまで「英会話で困らなくするレベル」をゴールとしている本。その目的を果たすための過程では、文法書を毎日読んで勉強するという行動は非常に遠回りとなってしまうのです。

　しかも必要最低限の英会話を不自由なくするためには、**英文法はそんなにたくさん知っておく必要はないのです**。「英文法」という構えた感じの学問というより、「英文の組み立て方」程度の簡単なマニュアルのようなものだけ押さえておけば大丈夫なのです。

　もし、あなたが運転免許を持っているのなら、免許を取得するまでのことを思い出してみてください。学科、つまり運転をするためのルールを学び、そして同時に実技、実際に運転してみる、ということをしたはずです。

　このルールが英語では英文法に該当しますが、普通自動車の免

許では道路交通法でも運転でよく使われる一部を学びます。これだけで運転が十分にできるからです。

英語でいう文法書を読み込むというのは、道路交通法の専門書を隅から隅まで読み込むようなものなのです。ちなみに道路交通法の専門書は、分厚いものだと1500ページくらいあるものも存在しますよ。

ですので、文法書は英文を見て、分からないところだけを調べる、辞書のように使うのがおすすめです。

【3】最強の英会話習得法はこれ!

英語は数学や社会より体育に近い

さてここまでは、本書でゴールとしている「英語で自分が言いたいことが言えるようになる」、これを達成するためのステップを詳しくお伝えしてきました。

このステップを踏まえて、英会話を習得するための最強のトレーニング方法をお伝えしたいと思います。

その前に、お伝えした英会話習得に必要な3つのステップ、覚えていますか?

【ステップ1】単語をたくさん覚えるのをやめる

【ステップ2】日本語を英語に訳すのをやめる

【ステップ3】文法を学ぶのをやめる

この3つでしたよね。

　ただ、ここまでの「日本語の噛み砕き、また文の組み立てや言い換えトレーニングでそれを実行しましょう」と聞いて、「自分にできるかな？」と不安に思った方もいらっしゃるかもしれません。

　でも大丈夫！　最初は慣れないかもしれませんが、この日本語の噛み砕きは次第に慣れてきます。すると、だんだん「自分が知っている英単語を使って表現できないかな？」。そんな視点で考えるようになっていきます。

　この一連の流れを繰り返していくうちに、早く英文を作れるようになります。

　そのために必要なのは、「毎日口を動かしてトレーニングをする」ことです。

　英語は数学や社会のようなお勉強科目と認知されていますが、私はそうではないと思っています。体育と同じ、実技科目です。体育も競技によってルールがありますし、実技なくして成立しませんが、英語もまさにそうなのです。

　ただし、「英語はトレーニング！」「とにかく実践あるのみ」「アウトプットしなきゃ！」と思い立った後、多くの方が犯してしまうある間違いがあります。

　それは、フレーズをそのまま丸暗記することです。

フレーズ丸暗記がダメな2つの理由

　何を隠そう私自身がフレーズ丸暗記ばかりして、英語習得に挫折した一人。

　大学時代、アメリカ人の先生の話を聞いて意見を言う英語の授業は、まさに私にとって過酷なトレーニングでした。先生の言ってることが全然分からない。そして自分が言いたいことも言えない。何の授業が行われているのか、怒られても何で怒られているのかさえさっぱりわからない、そんな悲惨な状況でした。

　周りの同級生がペラペラと話しているのを聞き、「とにかく自分も英会話のフレーズを覚えなければ!」と意気込み、書店でフレーズ集を購入。付属のCDを聞いて、英語のフレーズを最初のページから丸暗記。

　でもその努力の甲斐も空しく、何度本を読んでフレーズを覚えようとしても覚えられず、フレーズ丸暗記法は失敗に終わったのです。

　フレーズを丸暗記しても、英語は話せるようになりません。丸暗記が効果的ではない理由は2つあります。

　1つは、**人はイメージできることや必要だと思うことでなければ記憶に残りにくい**こと。

　例えば、「これ、機内に持ち込めますか?」というフレーズ。英語ではCan I bring this on the plane?と表現できますが、これって当面海外に行く予定がない方にとっては、日常で使わないフレーズで、必要性も感じられないですよね。そうなると覚えても使わないので

忘れてしまいますし、そもそも必要と脳が判断しなければ記憶にさえ残らないのです。

　実際に、遠藤雅義先生の『英会話イメージリンク習得法』（英会話エクスプレス出版）に、英会話を習得していく過程は「自分が使える英文を蓄積していく過程であり、その英文は自分の中でイメージすることができるもの」だと書かれていますが、まさに自分が使う場面がイメージできる英文を増やしていくことをしないと、英語を習得しているとはいえないのです。

　フレーズ暗記が効果的でないもう1つの理由は、**応用が効かないこと。**

　例えば、先ほどのCan I bring this on the plane?
この表現を、「持ち込む＝その場所に運ぶ」というイメージで言い換えることができていたら、
「これ、車に持っていってもいい？」と言いたい時にもCan I bring this in the car?
とすぐに使い回すことができます。

　ただ、機内に持ち込める＝ bring this on the planeと機械的に丸暗記してしまったら、その言い換えもすぐにできないでしょう。

　では、フレーズを覚えるのが効果的ではないとなったら、一体どんな方法でトレーニングをすればいいのか。実は**最強のトレーニング方法は…「独り言」**です。

日常の出来事を、独り言で
どんどん英語で言おう

　フレーズ暗記に挫折した私はその後、いろいろな本を読み漁り、また周りにいる日本にいながら英語が話せるようになったという方の体験談を聞きまくっていました。

　するとどうやら「独り言」が非常に効果的な練習法のようだ、という結論に辿り着いたのです。

　みんな家で「自分がこんなこと話したいな」と妄想したり、「あ、これ英語で何っていうんだろう？」って思ったのを話したり。それを一人でブツブツ練習してきた、というのです。

　実は英語が話せるようになるには、あるプロセスが存在します。それは

1）**自分が言いたいことが頭に浮かぶ**

2）**それを英語にする**

3）**口から発する**

　私の場合、この2番の「自分が言いたいことを英語にする力」が全くないということに、その時気が付いたのです。

　単語やフレーズの知識ではなく、その知識をどう使いこなすか。これが重要で、英語が「わかる」ことと「使える」ことは全くの別物。それを痛感したのです。

　そこから、**単語やフレーズを覚えるという勉強法をやめて、自分が言いたいと思う日本語を英語にする練習を始めました。**

まずは大人気の『起きてから寝るまで』シリーズ（アルク）を使い、自分の毎日の行動を英語で表現する練習をし続けました。最初は「『目覚まし時計』って英語で何て言うんだろう？」など単語から始めて、だんだん「今から学校へ行きます。」などの文を英語で考えるようになっていきました。

　このようにして、“知っている”単語やフレーズの量よりも、“使える”単語やフレーズの量を増やしていったのです。

　そしてそこからは、ふと思った自分の気持ちや今日あった出来事、あるいは友だちや彼氏とカフェに行って話しているのを想像して独り言を言っていました。側（そば）から見たら怪しいかもしれませんが、英語ってこの泥臭いコツコツとした作業が一番実を結ぶのです。

　この自分が言いたい日本語を英語に変換する時に必要なのが、ここまでお伝えしてきた「言い換え力」と「英文を組み立てる力」。これを鍛えていただくのが、本書の第3章からのトレーニングです。

　森沢洋介先生の大人気シリーズ『瞬間英作文トレーニング』（ベレ出版）にも、日本語を見て英語を口にするトレーニングがたくさん掲載されていますが、一定期間これをトレーニングすることで英作文回路を自分の中に作っていくことが必要だと書かれています。

　英語はトレーニング。何度も繰り返して鍛えていきましょう！

英語も日本語も、上手な人ほど 簡単な言葉を使っている

　ここまでで、いかがでしたか？

【ステップ1】単語をたくさん覚えるのをやめる

【ステップ2】日本語を英語に訳すのをやめる

【ステップ3】文法を学ぶのをやめる

英会話の上達には、この3ステップを踏むことが必要だということをお伝えしてきました。

　最後に、私が全く英語が話せない状態で大学に入学し、帰国子女や英語が得意な友人が話す英語を聞いた時に感じたことをシェアしたいと思います。それは、「**英会話が上手な人ほど、基本的な単語を使いこなすのが上手**」だということです。

　彼らの英語をよく聞いていると、どれも基本単語ばかり。「あ、私がいつまでも英語が話せないのは、この基本単語をうまく使いこなせていない。あと、それをどう組み立てたらいいのかわからないからなんだ」と後で実感したのです。

　さて、「シンプルな英語といえばこの人！」という方がいます。それは皆さんご存知のトランプ元大統領。彼の演説の英語はすごく簡単、聞き取りやすいと言われているのをご存知でしょうか？

　実際に、トランプ大統領が使っている英語は小学5年生レベルというデータがあるのです（『伝わる短い英語』（浅井満知子／東洋経済新報社）より）。彼のスピーチのスクリプトを見ても、ほとんどが知っている単語ばかり。

　これは日本語でも同じですが、**話がうまい人ほど相手が理解し**

やすい言葉を使い、シンプルな表現をする。

　英語ができる、英会話が上手というのは、決して難しい単語や表現を使いこなせることではありません。英語はあくまでコミュニケーションの手段。相手に自分の言いたいことを伝えるためにあるのが言語です。

　よく会話はキャッチボールに例えられますが、まさにその通り。相手が受け取りやすいボールを届けてあげることが大切ですよね。

　そのためには、誰もが知っている単語でわかりやすい表現ができる人。これが「本当に英会話が上手な人」ではないでしょうか。

　自分も英会話が上手になれるかな？と思ったあなたも大丈夫です。

　英会話はセンスや才能があってできるものではありません。その単語の使いこなしや表現を理解しているかどうかが大事なのです。

　第3章からはそれを、実際にトレーニングをしながら習得していきましょう！

※p41の英作文トレーニングの答え

1、私が借りているマンションは駅から歩いて10分です。

My apartment is ten minutes on foot from the station.

＊英語でmansionは「大邸宅」のことを指し、「日本のマンション」とは意味が異なります。賃貸はapartmentを使います。

2、覚悟ができました。

I'm ready.

＊「覚悟ができる＝心の準備ができている」と言い換えてreadyという単語が
使えます。

3、かかりつけのお医者さんのところに行きます。

I go to see my doctor.

＊かかりつけの医者というのは「いつも診てもらっているお医者さん＝自分のお
医者さん」という意味なのでmy doctorと言えば通じます。

4、雲泥の差です。

They are completely different.

＊「完全に違う」という意味に言い換えてcompletely（完全に）different（違う）
と表現できます。

5、それは禁句です。

You shouldn't say that.

＊「禁句＝言うべきではない」と表現できます。

　ここでも名詞を動詞に変換することで、表現しやすくなっていますね。

【トレーニングの進め方】

STEP.1 単語を深く知る

- イメージ図を眺めて、その単語のイメージを膨らませましょう。
  ※そのイラストは必ずしも、最も使われる意味にはなっていません。あえて、意外なイメージを抱くようなイラストにしているものが、実はほとんどです。なるべく多くの発見をしていただきたく、このようにしました。

- 解説を読んで、さらに理解を深めてください。

- その単語のよく使われる意味やイディオムを紹介しています。一度全て確認することをお勧めします。

- 冒頭にあるQRコードにアクセスすれば、例文の音声を聞くことができます。「日本語の読み上げ→(しばらく間がある)→英語の読み上げ」となっています。ぜひご活用ください。

STEP.2 日本語を見て英文を作るトレーニングをしてみよう!

- 日本語をそのまま直訳せず、英会話に向いた日本語に変換した上で、英文を作ってみてください。

- テーマとなる単語を使うのがミソです。それが、英会話文を作りやすい日本語を考える絶好のトレーニングとなるからです。

- ここにあるQRコードでも、同様に例文の音声を聞くことができます。「日本語の読み上げ→(しばらく間がある)→英語の読み上げ」となっています。

第❸章
最短で最高の成果を出す
50のトレーニング

1 ask

＼「尋ねる」だけじゃない／
日常で上手に使いたい単語 ask

askの由来・語源

言葉で相手に助けや情報など何かを求めること。

一緒に確認しておきたい関連単語

demand：〜を強く相手に要求する

request：〜を丁寧に依頼する

1. 質問する
   Can I ask you a question? ちょっと聞いてもいいですか？

2. してほしいことを依頼する・求める
   Can I ask you a favor? ちょっとお願いがあるんだけど。
   ＊「お願いがあるんだけど＝あなたに手伝い（favor）を依頼することできる？」と言い換え。カジュアルな場面で使われる表現。

   My boss asked me to work on my day off!
   上司に休日出勤頼まれたの！
   ＊「休日出勤を頼まれた＝私に休みの日に働いてと頼んできた」と言い換え。

3. 招待する
   They've asked me to dinner. 彼らが夕食に招待してくれたの。

askを使った頻出表現

❶ **ask for 〜**：〜を請求する
   The credit card company asked for the payment.
   クレジットカード会社から請求がきた。

❷ **ask A out**：Aを（デートなどに）誘う
   He finally asked Alice out! 彼、やっとアリスをデートに誘ったって！

ask

askを使って英語に言い換えよう！

(1) できることがあったらいつでも言って。

(2) David にパーティーに来てもらえるよう頼んだよ。

(3) ちょっと聞いてもいい？

(4) 誰に聞いたらいいんだろう？

(5) お名前を確認させていただけますか？（電話などで）

(6) 値段はいくらになっていますか？（お店などで）

(7) いくつか質問よろしいでしょうか？

(8) 高望みしすぎだよ。

(9) 自業自得だよ。

(10) このピザにトマトソース追加してもらっていい？

(11) 彼女にお茶に誘われた。

【英語の文を作る時のポイント】
日本語にとらわれすぎると
難しい文になってしまいます。
まずは日本語を噛み砕いて考える
練習をしてみましょう！

ask

askで作った英文をチェックしてみよう!

(1) **You can ask me for help anytime.**
*全文を「あなたは私にいつでも助けを求めることができる。」と言い換え。

(2) **I've asked David to come to the party.**

(3) **Let me ask you a question?**
*全文を「あなたに質問するのをさせて?」と言い換え。

(4) **Who should I ask?**
*全文を「誰に(私は)質問すべきだろう?」と言い換え。

(5) **May I ask your name, please?**
*「お名前を確認させていただく=名前をお聞きする」と言い換え。

(6) **How much are you asking for?**
*全文を「あなたはいくら請求していますか?」と言い換え。

(7) **May I ask a couple of questions?**
*全文を「いくつか質問してもいいですか?」と言い換え。a couple of ～で「いくつかの～」の意味。

(8) **You are asking too much.**
*「高望みしすぎ=多くのことを求めすぎている」と言い換え。

(9) **You are asking for it.**
*「自業自得=あなたがそれを請求した」と言い換え。よく使われる表現。

(10) **Can I ask for extra tomato sauce on my pizza?**
*「トマトソース追加していい?=追加のトマトソースを依頼できますか?」と言い換え。

(11) **She asked me out for a coffee.**
*全文を「彼女が私にコーヒーを飲みに誘った。」と言い換え。デート以外にも誰かを何かに誘う場合にも使える。

2 break

＼壊すのは物だけじゃない！／
押さえておきたいbreakの6つの意味

breakの由来・語源

「砕く」という意味から、突然壊れてバラバラになる、荒れる状態になることを指す。

一緒に確認しておきたい関連単語

breaking：最新の
＊海外のニュースでよく見るbreaking newsは「最新ニュース」という意味

damage：〜に損害を与える

押さえておきたいbreakが持つ意味

1. **〜を切断する、割れる、バラバラにする**
   ※ダメージを受ける状態を指す
   I broke my arm. 腕を骨折した。　＊brokeはbreakの過去形。

2. **故障する**
   The washing machine has broken down again.
   洗濯機がまた壊れてるよ。　＊brokenはbreakの過去分詞。

3. (法律・約束・記録など) を破る

He broke the traffic rules. 彼は交通規則を破ったんだ。

He broke the world record. 彼、世界記録を更新したよ。

4. 中断する、断ち切る

Let's break for lunch! ランチ休憩しよう！

＊「中断しよう。ランチのために」＝「ランチ休憩しよう」。

5. (悪いニュース) を打ち明ける・切り出す

I'll break the news to her. 私が彼女に話を切り出すね。

6. (お金) をくずす

I don't want to break 10,000 yen. 1万円くずしたくないな。

breakを使った頻出表現

❶ **break a leg**：頑張れ

❷ **break in ～**：(靴など) をならす

I have to break in my new shoes. 新しい靴をならさないと。

❸ **break into ～**：1) ～に侵入する　2) 急に～し始める
3) ～に割り込む　4) (仕事など新しいこと) を始める

A burglar broke into my house over the weekend.
週末、泥棒がうちの家に入った。

He broke into tears. 彼は急に泣き出した。

❹ **break out**：起こる、勃発する

The fire broke out in the middle of the night.
その火事は真夜中に起こったんだ。

❺ **break up**：別れる、解散する、バラバラになる、途切れる

Ken broke up with his girlfriend.
ケン、彼女と別れたって。

breakを使って英語に言い換えよう!

(1) キリのいいところで休憩しよう!

(2) 声、途切れてるよ。

(3) お皿割ってしまった。

(4) 彼女と別れようと思ってる。

(5) 100ドル札くずせる?

(6) 勘弁してよ。

(7) 約束破らないでよ!

(8) スピード違反しちゃった。

(9) 何がきっかけでその業界に入ったんですか?

(10) 彼女は場を和ますのがうまい。

break

breakで作った英文をチェックしてみよう！

(1) **Let's** take a break **when it's convenient!**
　＊「キリのいいところで＝便利なところで」と言い換え。take a break で「休憩する」の意味。

(2) **You are** breaking up.
　＊全文を「あなたは途切れている。」と言い換え。

(3) **I** broke **the dish.**

(4) **I'm thinking about** breaking up **with my girlfriend.**

(5) **Can you** break **a hundred-dollar bill?**

(6) **Give me a** break.
　＊全文を「(悪ふざけなどをいい加減にやめて) ちょっと休ませてよ。」と言い換え。give me a ～で「ちょっと～して」の意味。breakは名詞として「休憩」の意味も持つ。

(7) **Don't** break **your promise!**
　＊ Don'tで「～しないで」の意味。break one's promiseで「約束を破る」もよく使われる表現。

(8) **I** broke **the speed limit.**
　＊「スピード違反をした＝速度制限を破った」と言い換え。

(9) **How did you** break into **the industry?**
　＊全文を「どのようにしてその業界で仕事を始めた？」と言い換え。

(10) **She's good at** breaking the ice.
　＊ break the iceで「初対面の堅苦しい雰囲気を壊す」の意味。be good at ～で「～が上手」という表現。

005

3 bring

＼「持ってくる」だけじゃない／
質問する時にも役立つbringの使い方

bringの由来・語源

対象のものを、ある場所から話し手のところに持っていく。そこから引き出して何かを生み出すという意味も。

一緒に確認しておきたい関連単語

carry：（ある物）を別の場所に移動させる
deliver：（人の元に物）を送る

1. (ある場所へ誰か（何か）)を連れていく・持っていく

   Bring me a tissue. ティッシュ取ってきて。

   He brought his wife to the party.

   彼はそのパーティーに奥さんを連れてきた。 ＊broughtはbringの過去形

   What brought you to Japan? なぜ日本に来たの？

   ＊全文を「何があなたを日本に連れてきたの？」と言い換え。

2. ある状態・結果に導く

   My old watch brought me 5,000 yen.

   私の古い腕時計は5,000円で売れました。

   ＊全文を「古い時計は私に5,000円をもたらした。」と言い換え。

bring を使った頻出表現

❶ **bring in**：

   1）〜を持ち込む・取り込む　2）〜を仲間に入れる

   Can I bring this in? これ持ち込めますか？

❷ **bring up**：(話題や問題) を持ち出す

   Don't bring up that topic. その話題には触れないで。

bring と **take** の違い

bring は「話し手の元に人を連れてくる（物を持ってくる）」

Could you bring me that pen? そのペン持ってきてもらえませんか？

take は「話し手の元から別のところに人を連れていく（物を持っていく）」

I'll take my kids to kindergarten. 子どもたちを幼稚園に連れていくね。

bringを使って英語に言い換えよう!

（1）　宿題を忘れないように。

（2）　この曲懐かしい!

（3）　ここに来たきっかけは何ですか?

（4）　洗濯物取り込まなきゃ!

（5）　両親に会わせるために彼女を家に連れて行ったんだ。

（6）　手ぶらで来てね!

（7）　お水持って行こうか?

（8）　その場所って子連れでも大丈夫?

（9）　ここに連れて来てくれてありがとう。

（10）その台風が甚大な被害をもたらした。

bringで作った英文をチェックしてみよう！

(1) **Don't forget to bring your homework.**
＊全文を「宿題を持ってくるのを忘れないで。」と言い換え。don't forget to ～「～することを忘れない」の意味。

(2) **This song brings back memories!**
＊「懐かしい＝過去の記憶を連れてきてくれる」と言い換え。bring back memoriesで「～が懐かしい」はよく登場する表現。

(3) **What brings you here?**
＊全文を「何があなたをここに連れてきたの?」と言い換え。What brings you to ～（場所）で「～に来るきっかけは?」と聞く表現。

(4) **I have to bring the laundry in!**

(5) **I brought my girlfriend home to meet my parents.**

(6) **Just bring yourself!**
＊全文を「あなただけ連れてきてね。」と言い換え。

(7) **Want me to bring you a glass of water?**
＊Want me to ～で「～しましょうか?」の意味。

(8) **Is it OK to bring my kids there?**
＊「子連れでも大丈夫?＝子どもを連れていってもいい?」と言い換え。

(9) **Thank you for bringing me here.**
＊Thank you for ～ ingで「～してくれてありがとう」の意味。

(10) **The typhoon brought a lot of damage.**

bring

007

4 call

＼電話だけで終わらない／
幅広く使える便利な単語 call

callの由来・語源

語源は「叫ぶ」。そこから「電話をする」「呼ぶ」「召集する」など。総じて「声に出して誰かに伝えること」を意味する。

一緒に確認しておきたい関連単語

calling：天命、使命
answer：〜に応じる

押さえておきたいcallが持つ意味

1. 〜に電話をする
   ※「電話（で話すこと）」というように名詞として使われることも多い
   I'll call you later. 後で電話するね。
   Call me if there's any change. 何か変化があったら電話して。

2. （名前）を呼ぶ
   You can call me David. デイビットって呼んでね。
   We decided to call our baby Hiro. 赤ちゃんの名前は「ひろ」にしたわ。
   ＊「私たちは赤ちゃんを「ひろ」と呼ぶことに決めた。」と言い換え。

3. ～を来てもらうよう頼む
   Call an ambulance! 救急車呼んで!

4. 大声で呼ぶ
   I heard someone calling for help.
   大声で助けを呼んでいるのが聞こえた。

5. ～を眠りから起こす、(電話などで) 呼び起こす
   Call me up at seven in the morning. 朝7時に電話で起こして。
   *「電話で起こして=電話をかけて起こして」と言い換え。call upは「電話をかける」の意味。

6. ～とみなす、～としておく
   Let's call it 1,000 yen per person. 一人千円になります。
   *「千円になります=それを千円としておく」言い換え。

---

callを使った頻出表現

❶ **call at ～** : ～に立ち寄る
   He sometimes calls at his grandmothers' house.
   彼は時々祖母の家に立ち寄る。

❷ **call for ～** : ～を求めて呼ぶ・必要とする
   Should I call for food delivery? 出前頼もうか?

❸ **call it a day** : 今終わらす、中断させる
   Why don't you call it a day? 今日は終わりにしたら?

❹ **call off ～** : ～を中止する
   The field trip was called off because of the rain.
   雨で遠足が中止された。

callを使って英語に言い換えよう！

(1) 後で（電話を）折り返していただけますか？

(2) 後で家寄るね！

(3) タクシーを呼んでもらえますか？

(4) どちら様ですか？

(5) すみません、間違えました。（電話で）

(6) 7時にモーニングコールお願いします。

(7) それ、何って言うんだったっけ？

(8) 野球の試合、台風で中止になったんだ。

(9) 突然電話してごめんね。

(10) 今日はここまでにしよう。

callで作った英文をチェックしてみよう！

(1) **Can you call me back later?**

　　＊「折り返す＝私に電話を掛け直す」と言い換え。call 人 backで「人に折り返し電話をする」という意味。

(2) **I'll call at your home later!**

(3) **Could you call me a taxi?**

　　＊全文を「あなたは私のところに、タクシーを来てもらえるように頼むことはできますか？」と言い換え。英語では重要視する主語と目的語をしっかり入れて、日本語にはないあなたは（you）と私に（me）を入れて文を作ろう。Could you 〜「〜してもらえますか？」は頻出表現。

(4) **Who's calling, please?**

　　＊全文を「誰が電話をしていますか？」と言い換え。

(5) **I'm sorry, I called the wrong number.**

　　＊全文を「違う番号にかけました」と言い換え。

(6) **I'd like a wake-up call at 7.**

　　＊ I'd like 〜で「〜をお願いしたいのですが」の意味。モーニングコールはwake-up call。

(7) **What do you call it?**

　　＊全文を「それを何と呼んでいますか？」と言い換え。what-do-you-call-itで「あのなんとかって言うやつ」と、名前が思い出せないものに対して使う表現になる。

(8) **The baseball game was called off because of the typhoon.**

　　＊「台風で＝台風が原因で」と言い換え。

(9) **I'm sorry for the sudden call.**

　　＊ sudden は「突然の、いきなりの」という意味。

(10) **Let's call it a day.**

　　＊全文を「今終わらせよう」と言い換え。

009

5 care

＼"気にする"だけじゃない！／
相手を思う優しさを表す単語 care

careの由来・語源

「心配する」が語源。相手に関心があり、気持ちを向けることから「気にする」の意味に。

一緒に確認しておきたい関連単語

careful：注意深い
cure：治療

押さえておきたい**care**が持つ意味

1. 気にする、心配する
   ※何かに関心があり、重要・心配だと思う。大切に思っている様子
   I don't care. 気にしてないよ。

   I care about you. あなたのこと、大切に思ってるわ。

2. （名詞として）注意、世話、心配
   Those people require constant care.
   その人たちは常に世話が必要だ。

careを使った頻出表現

❶ **take care**：気を付ける
   Take care you don't drink too much. 飲み過ぎに気を付けてね。
   ＊Take care. は誰かとの別れ際に使うと「身体に気をつけてね」「じゃあね」の意味で
   使える。

❷ **take care of**：
   1）〜の世話をする・面倒を見る
   He has to take care of his sick mother.
   彼は病気のお母さんを看病しなくちゃいけないんだ。
   2）〜を引き受ける、〜に対処する
   I'll take care of the rest of it. 後は私がやっておきます。
   We'll take care of the school fees. 私たちが学費を支払うよ。
   ＊全文を「私たちが学費（の支払い）を引き受ける。」と言い換え。

❸ **care for 〜**：〜を好む　※通常は否定文か疑問文で使う
   Would you care for tea? 紅茶はいかがですか？
   I don't care for meat. お肉はちょっと苦手です。
   ＊I don't care for 〜 で「〜が好きではない」とやんわり断る時に使える。

》) 010

careを使って英語に言い換えよう！

(1) どうでもいいよ。

(2) お大事に。

(3) ご自愛ください。

(4) 私が何とかします。

(5) 他の人がどう思ってるかなんて気にしなくていいよ。

(6) A「ケーキいかがですか？」
     B「生クリーム苦手なんです。ありがとう」

(7) 慎重に取り扱ってね。

(8) いろいろとやらないといけないことがあって。

(9) 誰が気にするものか。

(10) いつも肌のケアを怠らないわ。

(11) 自分でできるから大丈夫だよ。

careで作った英文をチェックしてみよう！

(1) **I don't** care.

　　＊「どうでもいい＝私は気にならない・関心がない」と言い換え。使いすぎる、もしくは言い方によっては冷たい印象を与えることもあるので注意。

(2) Take care.

　　＊全文を「気をつけてね。」と言い換え。別れ際、またメールや手紙でも使える。カジュアルな表現。

(3) **Please** take care of **yourself.**

　　＊全文を「どうぞあなた自身の面倒を見てください」と言い換え。

(4) **I can** take care of **it.**

　　＊全文を「私が対処できます。」と言い換え。

(5) **You don't have to** care **what other people think.**

(6) A : **Would you** care for **a piece of cake?**
　　B : **I don't** care for **cream, thank you.**

　　＊「ケーキいかがですか？＝ケーキ好きですか？」と言い換え。「クリームが苦手＝クリームが好きではない」と言い換え。

(7) **Handle it with** care.

　　＊「慎重に取り扱う＝注意と共に取り扱う」と言い換え。Handle With Careは「取扱注意」の意味でよく使われる。

(8) **I have a lot of things to** take care of.

　　＊「いろいろとやらないといけないこと＝たくさん対処すべきこと」と言い換え。

(9) **Who** cares?

　　＊全文を「誰が気にするの？」と言い換え。

(10) **I always** take care of **my skin.**

　　＊「肌のケアを怠らない＝自分の肌の面倒を見る」と言い換え。

(11) **I can** take care of **myself.**

　　「自分でできるから大丈夫＝自分自身を対処できる」と言い換え。

011

6 catch

＼「物体をつかむ」だけじゃない／
いろんなモノを捕えるcatchの用法

catchの由来・語源

「捕まえる」が元々の意味。そこから、人に限らずタスクや情報などを「追いかける」の意味もある。

一緒に確認しておきたい関連単語

grab：〜をつかむ
release：〜を解放する

押さえておきたいcatchが持つ意味

1. 〜をつかむ、(名詞として) 収穫、つかまえたい相手、キャッチボール

   I caught a fish. 魚を釣った。

   ＊「魚をつかむ＝釣る」の意味。caughtはcatchの過去形。

   Let's play catch. キャッチボールしよう。

   ＊「キャッチボール」という表現自体は和製英語で、英語では単にcatchとなる。

2. (バスや飛行機) に間に合う

   I have to catch the last train! 終電に乗らなきゃ!

   ＊「逃した」はmissを使う。I missed the last train.（終電を逃した。）

3. (病気) になる
   I caught a cold. 風邪を引いてしまった。

4. (興味・注意) をひく
   The picture caught my interest. その絵に興味が湧いた。
   ＊全文を「その絵が私の関心をひいた。」と言い換え。

   The beautiful woman caught my eye. その美女に目を奪われた。
   ＊「その美女が私の目をひいた」と言い換え。

5. ～を聞き取る・理解する
   Sorry, I couldn't catch that. すみません、聞き取れませんでした。

6. (人が何かをしているところを) 見つける
   I caught him stealing a book.
   彼が本を盗んでいるところを見つけました。

7. 引っ掛かる、絡まる
   My dress caught on a nail. ドレスがネイルに引っ掛かった。

catchを使った頻出表現

❶ **catch on**：1) 意味を理解する　2) (商品などが) 流行る
   You catch on fast. 飲み込みが早いね。
   ＊「あなたは早く意味を理解するんだね。」と言い換え。
   This game is catching on. このゲーム流行ってるんだ。

❷ **catch up**：追いつく
   I'll catch up later. あとで追いつくよ。

❸ **catch up on ～**：～に追いつく、～の遅れを取り戻す
   I have to catch up on my work. たまった仕事片付けなきゃ。
   ＊「たまった仕事を片付ける=私の仕事の遅れを取り戻す」と言い換え。

catchを使って英語に言い換えよう！

（1）　主人の風邪がうつった。

（2）　電車、間に合った？

（3）　昨日彼とお互いの近況報告をしたよ。

（4）　タクシーどこでつかまるかな。

（5）　インフルエンザが流行ってるね。かかりたくないな。

（6）　たまった洗濯物片付けなきゃ。

（7）　今日は寝不足を解消したい。

（8）　あなたが言ったことが聞き取れませんでした。

（9）　また後で連絡するね。

（10）　ドアに指挟んだ。

（11）　交通渋滞に巻き込まれたんだ。

catchで作った英文をチェックしてみよう！

(1) **I caught a cold from my husband.**
＊「風邪がうつった＝風邪を引いた」と言い換え。

(2) **Did you catch your train?**
＊全文を「あなたの（乗る予定の）電車に間に合った？」と言い換え。

(3) **I caught up with him yesterday.**
＊「彼と近況報告をする＝彼（の状況と一緒になる形で）追いつく」と言い換え。

(4) **Where can I catch a taxi?**
＊タクシーなどの乗り物を捕まえるのもcatchを使って表現できる。

(5) **The flu is going around. I don't want to catch it.**
＊fluは「インフルエンザ」、go aroundは「（風邪などが）流行っている」という意味。

(6) **I have to catch up on my laundry.**
＊「たまった洗濯物を片付ける＝洗濯物において、遅れを取り戻す」と言い換え。

(7) **I want to catch up on my sleep today.**
＊「寝不足を解消する＝睡眠の不足分（遅れ）を取り戻す」と言い換え。

(8) **I couldn't catch what you said.**

(9) **I'll try to catch you later.**
＊「また後で連絡する＝後であなたをつかまえる」と言い換え。

(10) **My finger got caught in the door.**
＊「ドアに指挟んだ＝指がドアに捕らえられた」と言い換え。

(11) **I got caught in a traffic jam.**
＊「交通渋滞に巻き込まれた＝交通渋滞に引っ掛かった。」と言い換え。

英語が聞き取れない…。
そんなあなたにおすすめの勉強法

　英会話ができるようになるには、まず「相手の言っていることを聞き取ること」。当たり前ですが、これが必須ですよね。ただ、英語のリスニング力がなかなか伸びない。そう悩んでいる方も多いのではないでしょうか?

　実は元々は私もその一人。英語の授業で先生が何を言っているのかさっぱりわからず、授業が終わってから次回までの宿題をも友人に聞くのが日常でした。

　そんな私自身がリスニング力を飛躍的に伸ばし、英語の授業を理解できるようになるどころか、通訳までできるようになったのですが、その時にやっていたトレーニングがあるのです。

　それは「シャドーイング」。

　プロの通訳者も行うトレーニングで、実際に私も通訳学校に通っていた時に、授業で受けていました。英語の音声を聞き、shadow（影）のように後に続いて、聞いた音声と同じように口に出していくトレーニングです。

　これを毎日15分やり続けた結果、半年ほどたった頃、だんだん授業の英語が聞き取れるようになり、TOEICの点数も200点アップしていました。

　私が使っていたのはコスモピアから出ているシャドーイング専用の本でした。レベルによっていろんなシリーズがあるので、見てみてください。トレーニングは、あなたが今聞いているものや好きな教材を使ってもできるので、ぜひ取り組んでみてほしいです。

　リスニング力は、ただ聞き流すだけでは身につきません。口に出す。この作業が必要なのです。

013

7 come

＼「来る」のは人だけじゃない／
表現が深まる便利な単語 come

comeの由来・語源

「近づく」「向かう」が本来の意味。

come

一緒に確認しておきたい関連単語

appear：現れる
arrive：到着する

79

1. 来る、到着する　※ある場所や人がいる場所へ行く・向かうこと

   Come here. こっちに来て。

   This picture came from England. この絵はイギリスのだよ。

   ＊「イギリスのだよ＝イギリスから来た」と言い換え。cameはcomeの過去形

   My husband came home just now. 主人がたった今帰宅しました。

2. 巡ってくる、到来する

   Summer has finally come. 夏がやっと始まったね。

   The final exams are coming up soon. 期末試験がもうすぐなんだ。

come を使った頻出表現

❶ **come across 〜** :
   偶然（人）に出会う、（考えやアイデアなど）が思い浮かぶ

   I came across Bob at the store. 店でボブに偶然会った。

❷ **come along** :
   同行する、一緒に来る、進む、うまく行く、捗る（はかど）

   I would like you to come along. 一緒に来てほしい。

   It's coming along. 順調だよ。

❸ **come back** : 戻る、帰る

   Please tell him to call me back when he comes back.

   彼が戻ってきたら、私に電話をするよう伝えてください。

   ＊ call 人 back で「人に折り返し電話をする」という意味。

❹ come over：やって来る、立ち寄る

※家にお誘いする時によく使われる表現

Why don't you come over for a cup of tea?

うちでお茶でも飲まない？

*全文を「お茶するためにうちに立ち寄りませんか？」と言い換え。Why don't you 〜で「〜しませんか？」の意味。

❺ come to 〜：〜するようになる、〜になる

※自然な成り行きで、ある状態や結果になることを指す

How did you come to know each other? 知り合ったきっかけは？

*全文を「どのようにして、お互いを知るようになったのですか？」と言い換え。

That comes to 10,000 yen. 合計で1万円になります。

❻ come up with 〜：〜を生じさせる・起こす・思いつく

I came up with a good idea. よいアイデアを思いついた。

❼ come with 〜：〜を備えた、〜が付いている

All meals come with a drink. 全てのお料理に飲み物が付きます。

❽ How come 〜？：なぜ〜？ ※ Whyよりもカジュアルに使える表現

How come you know this? なぜこれを知ってるの？

come

---

comeとgoの違い

comeは「来る」、**go**は「行く」と訳す。そんな印象を持つ方が多いが、実は違う。というのも、**come**も文脈によって「行く」と訳すことがあるから。**come**と**go**の使い分けのポイントは、話し手・聞き手がいる「場所」。

●聞き手の方へ移動する（行く）時は**come**。

例）**I'm coming.** 今行くね。

●聞き手から遠ざかっていく時は**go**を使う。

例）**I have to go now.** もう行かなきゃ。

comeを使って英語に言い換えよう!

（1）仕事は順調？

（2）あなたもそのうち、ここが好きになるわ。

（3）ハワイから戻ってきました。

（4）彼ははるばる東京から来てくれた。

（5）なんで言ってくれなかったの⁉

（6）これはドリンク付きですか？

（7）今行くよ!

（8）やっと電車が来た!

（9）嘘でしょ!

（10）どうぞ入って!

comeで作った英文をチェックしてみよう!

(1) **How is your work coming along?**
*全文を「あなたの仕事はどのように進んでいますか?」と言い換え。

(2) **You'll come to like it here soon.**

(3) **I came back from Hawaii.**

(4) **He has come all the way from Tokyo.**
* all the way で「わざわざ」の意味。

(5) **How come you didn't tell me?**

(6) **Does it come with a drink?**

(7) **I'm coming!**
*全文を「私はあなたのいる方へ向かってる!」と言い換え。

(8) **Here comes the train at last!**
* here comes ～で「～がやってきた」という表現。at last は「最後に、ようやく、やっと」の意味。

(9) **Come on!**
相手の言い分をカジュアルに否定する時に使える表現。「さーさー」「早く、早く」といった意味も。「頑張れ」「しっかりしろ」の意味で、スポーツ観戦中に観客が選手に投げかけることもあり、多くの意味を持つ熟語である。

(10) **Come on in!**
come onの「こっちに来て」と、inの「入る」という意味から成り立つ頻出表現。「入ってもいい?」と尋ねる時はMay I come in?

015

8 cut

＼いろんなものを切りまくる！／
自由自在なcutの意味

切って量を減らす、取り除く。また、関係などを断つこと。

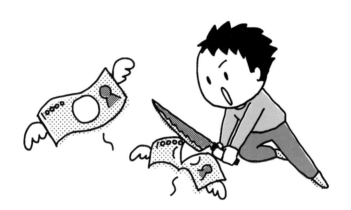

一緒に確認しておきたい関連単語

wound：〜に怪我をさせる
reduce：〜を減らす

押さえておきたいcutが持つ意味

1. 〜を（ナイフなどで）切る、怪我する
   I cut my finger with a knife. ナイフで指を切った。

2. ～を切って長さや形や大きさを変える

Cut the slides to ten pages. そのスライドを10ページに短くして。

He cut a hole in the middle of the paper.

彼は紙の真ん中に穴を開けた。

＊cutは、現在形、過去形、過去分詞全てcut。主語がheで動詞が現在形の場合はcutsになるので、上の文章は過去形だと分かる。

3. ～の物の量を減らす、(時間やお金など) を減らす

Our company is trying to cut costs.

我が社はコスト削減に努めています。

＊「コスト削減に=コストを減らすのに」と言い換え。

---

cutを使った頻出表現

❶ cut down on ～ :

(食品やタバコ・酒など) の量を減らす、～を切り詰める

I need to cut down on my drinking.

お酒の量を減らさないといけない。

❷ cutting edge : 最先端

※刃の先の意味から「一番先になる」「最先端の」と覚えよう

He is on the cutting edge of fashion.

彼のファッションはいつも流行の最先端だよね。

❸ cut in (～) : 話をさえぎる、～に割り込む

Don't cut in line! 列に割り込まないで!

❹ cut it out : やめて ※何かの行動をやめてほしい時に使う

Cut it out! いい加減にして!

❺ cut off : 1) (機械) の電源を切る 2) ～を中断させる

The line was cut off. 電話切れちゃった。

cutを使って英語に言い換えよう！

(1) どこの美容室行ってるの？

(2) このナイフ、うまく切れないな。

(3) ケーキ切り分けてもらえる？

(4) 昨日、塾の英語の授業サボっちゃった。

(5) リンゴを半分に切ってくれる？

(6) 最先端の医療技術を学んでるんだ。

(7) 公園を横切ろうよ。

(8) おやつの量を減らさなきゃ。

(9) コスト削減のために、会社は彼を解雇した。

(10)（会議などで誰かが話している時に、話を遮って割り込みたい時に）ちょっとよろしいですか？

【言い換えトレーニングワンポイントアドバイス】
日本語は英語と比べて「曖昧な言語」。(10)の「ちょっとよろしいですか?」と言う言葉も曖昧。
英語に訳す時は具体的に何をしたいのかを明確にして表現してみよう！

cutで作った英文をチェックしてみよう！

(1) **Where do you get your hair cut?**

＊全文を「どこで髪切ってもらってるの?」と言い換え。getには「〜してもらう」という意味がある。「髪を切る」をI cut my hair. と言ってしまうと「自分で髪を切る」という意味になる。美容師など誰かに切ってもらってもらう場合はI get my hair cut. と表現。

(2) **This knife doesn't cut very well.**

＊ cutは「〜を切る」以外に、「（主語が）切れる」という自動詞の役割も持つ。cut very well で「とてもよく切れる」の意味。

(3) **Can you cut me a piece of cake?**

＊全文を「私にケーキを切ることはできる?」と言い換え。

(4) **I cut cram school English class yesterday.**

＊ cutで「〜をサボる」の意味もある。skip を使っても表現できる。cram schoolで「学習塾」の意味。

(5) **Can you cut the apple in half?**

＊ in halfで「半分に」の意味。

(6) **I am learning cutting-edge medical technology.**

＊cutting-edgeは「最先端の」という意味。medical technologyは「医療技術」の意味。

(7) **Let's cut across the park.**

＊ cut across 〜で「〜を横切って近道をする」という意味。

(8) **I need to cut down on the snacks.**

＊日本語にはない主語であるI(私)を追加する。cut down on〜で「〜を減らす」の意味。

(9) **The company fired him in order to cut costs.**

＊ fire 〜で「〜を解雇する」。in order to 〜は「〜するために」という意味。

(10) **May I cut in?**

＊全文を「割り込んでもいいですか?」と言い換え。

017

9 do

＼自由自在に変化する!? ／
会話で必ず使う超便利な単語 "do"

doの由来・語源

何か目的を持って
行うこと。そしてそ
れを達成すること。

一緒に確認しておきたい関連単語

act：行動する

押さえておきたいdoが持つ意味

1. 何かをする
    A）掃除・お料理などの家事
    He does the dishes. 彼がお皿を洗う。
    I do the soup. 私がスープを作ります。
    I usually do the garden on weekends.
    週末はだいたい庭いじりをしてるよ。

B) 日常生活の行動

I have to do my face quickly! 急いで化粧しなきゃ!

I have to do my hair. 寝癖直さなきゃ。

C) 職業、仕事

I do business in Asia. アジアで営業をしています。

He has to do his duty. 彼は自分の義務を果たさないといけないよ。

D) 学習

I'm doing my homework. 宿題やってるところだよ。

E) スポーツやゲーム
※道具を使わない運動をする時に使える。例えばヨガ・空手・柔道など

I do yoga twice a week. 週2回はヨガをしてる。

2. (事業・成績・環境・状態などが) うまくいく、運ぶ

He is doing well at school. 彼は学校でよくやってるよ。

My company is doing very well. 会社の業績は好調です。

3. 役に立つ、足りる

That car will do. あの車でちょうどいい。

do を使った頻出表現

❶ do (人) a favor：
(人) のために役に立つ、(人) の願いを聞く
Can you do me a favor? お願い聞いてくれる?

❷ do over：〜をやり直す
I have to do the task over again.
その仕事もう1回やり直さなきゃいけないのよ。

doを使って英語に言い換えよう!

(1) どうすればいいか分からなかった。

(2) できることは全てやった。

(3) マニュアル通りにやったよ。

(4) ご職業は?

(5) それで事足ります。

(6) 調子はどう?

(7) アイロンかけなきゃ。

(8) お願いを聞いてほしいんだけど。

(9) 今日は用事がたくさんある。

(10) 何やってんだよ。

(11) 自分でやったほうがいいよ。

doで作った英文をチェックしてみよう！

(1) **I didn't know what to do.**
　　＊全文を「何をするべきか分からなかった。」と言い換え。

(2) **I did everything I could.**
　　＊日本語にはない主語 "I" を付けて、動詞は「する＝do」を使った。

(3) **I did it by the book.**
　　＊ by the book で「型通りに」の意味。

(4) **What do you do?**
　　＊「ご職業は？＝（職業として）何をしてるの？」と言い換え。What do you do for a living? で「生活のために仕事は何をしているの？」という表現もよく出てくる。

(5) **That will do.**

(6) **How are you doing?**
　　＊全文を「あなたはどのようにしているの？」と表現する。文脈によって「ご機嫌いかがですか？」や、気軽に「元気？」の場合もある。

(7) **I have to do the ironing.**
　　＊ do the ironing で「アイロンをかける」という決まり文句。

(8) **Please do me a favor.**

(9) **I have a lot of things to do today.**
　　＊「用事がたくさんある＝たくさんのするべきことがある」と言い換え。

(10) **What are you doing?**
　　＊全文を「何をしてるの？」と言い換え。

(11) **You should do it by yourself.**
　　＊「自分でやる＝あなた自身でやる」と言い換え。

10 feel

＼使いこなせばもっと自分を表現できる／
会話でうまく使いこなしたい単語 feel

feelの由来・語源

手で触れて肌で感じること。また心で感じること。

一緒に確認しておきたい関連単語

sense：〜を感知する
feeling：感覚、印象

1. （身体で物理的に何か）を感じる・感じさせる
   I feel pain in my back. 背中が痛い。
   ＊「背中に痛みを感じる。」と言い換え。

   This feels really good. 肌触りめっちゃいいね。
   ＊全文を「これは本当に気持ちよく感じさせる。」と言い換え。

2. （気持ちとして）〜に感じる
   I feel sorry for him. 彼に対して申し訳なく思ってるわ。

3. （〜について）思う・考える
   How do you feel about English education in Japan?
   日本の英語教育についてどう思いますか？
   How do you feel about ramen? ラーメンはどう？

feel を使った頻出表現

❶ **feel free 〜** ：遠慮なく・お気軽に〜
   Please feel free to contact me. 遠慮なくご連絡ください。

❷ **feel like 〜** ：〜したい気分
   I feel like having some beer! ビールが飲みたい気分！

feel

feelを使って英語に言い換えよう！

(1) かなり落ち込んでるわ。

(2) ダルいな。

(3) 胸が痛い。

(4) めまいがするから、横になりたい。

(5) 気分はどうですか。

(6) 彼女のことどう思ってるの？

(7) （寒くて）手の感覚がない。

(8) イタリアンの気分じゃない。

(9) 私もそんな気がするわ。

(10) 今日はすごく暖かいね。春みたいだ！

(11) 気持ち悪い？

(12) 同感です。

feelで作った英文をチェックしてみよう!

(1) **I'm feeling down.**
  ＊downは気分が落ち込んでいる様子も意味する。

(2) **I feel dull.**
  ＊dull は「鈍い、どんよりした」の意味。

(3) **I feel pain in my chest.**
  ＊「胸が痛い＝胸に痛みを感じる」と言い換え。日本語には主語がないので英語に訳す時には主語 "I" を設定。

(4) **I feel dizzy, so I want to lie down.**
  ＊「めまいがする＝ふらふらするように感じる」と言い換え。dizzyは「目が回る、ふらふらする」、lie down は「横になる」の意味。

(5) **How are you feeling?**
  ＊全文を「どのように感じていますか?」と言い換え。

(6) **How do you feel about her?**
  ＊全文を「彼女についてどのように感じている?」と言い換え。

(7) **I can't feel my hands.**
  ＊全文を「自分の手を感じない。」と言い換え。

(8) **I don't feel like having Italian food.**
  ＊全文を「イタリアンを食べたい気分ではない。」と言い換え。

(9) **I have a feeling, too.**
  ＊全文を「私も同じように感じる。」と言い換え。

(10) **It is very warm today. It feels like spring!**
  「春みたい＝春のように感じさせる」と言い換え。

(11) **Do you feel sick?**
  ＊全文を「吐きそうに感じる?」と言い換え。sickには「吐きそうな」という意味がある。

(12) **I feel the same way.**
  ＊全文を「同じように感じる」と言い換え。

021

11 find

＼「見つける」のは物だけじゃない！／
訳し方1つで便利に使える単語 find

findの由来・語源

見つけ出すという意味から派生して、見つける＝物事が明らかになる＝「分かる」「理解する」。そして「～になる」という意味も。

一緒に確認しておきたい関連単語

meet：～に出会う

lose：～を失う・なくす

押さえておきたい **find** が持つ意味

1. 〜を苦労して見つけ出す、偶然見つける

I found an interesting item at that store.

そのお店で面白い物を見つけたんだ。 ＊foundはfindの過去形。

I can't find my key. 鍵が見つからない。

Did you find a birthday present for your mother?

お母さんへの誕生日プレゼント何にしたの？
＊「プレゼント何にしたの？＝プレゼント見つけた？」と言い換え。

2. （調査・研究の結果） 〜だと発見する、 （自分が経験した上で） 〜だと分かる・感じる

I found it interesting. それは面白いと思った。

I find it fun to learn English. 英語の勉強って楽しいね。
＊全文を「英語を勉強するのは楽しいと感じた。」と言い換え。

3. 〜であることに気が付く

I found myself in a hospital. 気がついたら病院にいた。
＊全文を「自分自身が病院にいることに気がついた。」と言い換え。

find を使った頻出表現

❶ **find out**：（事実などを） 見つけ出す、知る、考え出す

We'll find out soon. 時期に分かるさ。
＊全文を「我々はすぐに知る。」と言い換え。

find と **discover** の違い

find はなくしたものなどを見つける時に使う。

discover は知らなかったものを発見した時に使う。

find

findを使って英語に言い換えよう!

(1) 財布、見つからなかったよ。

(2) 気が付いたらソファーで寝てた。

(3) その本、すごく役に立ったよ。

(4) どこで会える?(待ち合わせをする時に)

(5) 駐車場が見つからないんだ。

(6) 電話番号が間違ってた。

(7) ペットを飼うのは難しいみたい。

(8) 勉強する時間を作りたい。

(9) 添付ファイルをご覧ください。

(10) ハワイではたくさん日本人を見かけたよ。

findで作った英文をチェックしてみよう！

(1) **I couldn't find my wallet.**

(2) **I found myself lying on the sofa.**
＊全文を「自分自身がソファーで寝ていることに気が付いた。」と言い換え。

(3) **I found the book very useful.**
＊全文を「その本はとても役に立つと分かった。」と言い換え。

(4) **Where can I find you?**
＊全文を「どこであなたを見つけることができますか？」と言い換え。

(5) **I can't find a parking lot.**
＊「駐車場」はparking lot.

(6) **I found out the phone number was wrong.**
＊全文を「私は電話番号が間違えているということを見つけ出した。」と言い換え。

(7) **I found it difficult to keep a pet.**
＊全文を「ペットを飼うことが難しいと分かった。」と言い換え。

(8) **I want to find time to study.**
＊「時間を作る＝時間を見つける」と言い換え。

(9) **Please find the attached file.**
＊「ご覧になってください＝見つけてください」と言い換え。「添付ファイルをご覧ください」という意味の定番表現。fileは省略可。

(10) **I found a lot of Japanese people in Hawaii.**
「見かけた＝見つけた」と言い換え。

オンライン英会話は、英会話上達に効果的?

「オンライン英会話をやっているんですが、なかなか上達しなくて…」
「そもそもオンライン英会話って、英会話習得に本当に効果的でしょうか?」
よくこんな声を聞きます。手軽に始められるオンライン英会話。でも効果は
どうなんだろう?と迷っている方も多いかもしれません。

　結論から言うと、成果が出るかどうかは全て「あなた次第」。オンライン
英会話で最大限に成果を出すことができるかどうかは、オンライン英会話を
受ける前と後で決まります。成果を出せる受講方法はこちら。

【受講前】
・先生に話したい英文を考えておいて、話せるように練習しておく
・先生に質問したいことを考えておく
・もし教材を使うなら、単語を調べるなど必ず予習しておく
【受講中】
・先生が使っていた表現やフレーズで使えそうなものを、メモして覚える
【受講後】
・新しく学んだ表現を、覚えるまで見直す

　私自身は特に受講前の準備を大切にしていて、自分が考えた表現を「これっ
て自然な表現ですか?」と質問することをよくしていました。
　オンライン英会話は、何かをインプットする時間ではありません。練習
したことを試す時間、分からないことを質問する時間。学校の授業のよ
うにインプットしようとするから成果が見えないのです。
　別のところでも触れましたが、そもそも英語は「お勉強」というよりも「トレー
ニング」。オンライン英会話を受ける以外の時間に自分でトレーニングまでしっ
かりしているかどうかで、オンライン英会話の時間の充実度も、そして成果
も変わってきますよ。

　「でも、こんなにたくさんのことをする時間がない…」。そんな方は、先生に
聞きたい質問をせめて事前に1つだけも用意して挑んでみることを、やって
みてください。

12 get

＼困った時の救世主 !? ／
いろんな場面で使えるgetの使いこなし方

getの由来・語源

元々は「得る」の意味。そこから「これまでなかったものを得る」「得て新しい状態になる」を指す。

一緒に確認しておきたい関連単語

become：〜になる
gain：〜を手に入れる

押さえておきたい **get**が持つ意味

1. **～を手に入れる** ※苦労・努力して何かを成し遂げることを指す

   I got 800 on the TOEIC test. TOEICテストで800点取得したよ。
   ＊gotはgetの過去形。

   I finally got a new job. やっと新しい仕事を見つけたよ。

2. **～を受け取る**
   ※物だけではなく、許可、返事、情報、印象なども含まれる。努力なしに所有する状態に
   なる意味でも使える。

   I got a birthday present from my boyfriend.
   彼氏に誕生日プレゼントをもらった。

   I got information about the new restaurant.
   新しいレストランについて分かったよ。

   I'll get it. 私が(電話に)出るよ。 ＊「電話に出る＝電話を受け取る」と言い換え。

3. **～を理解する** ※知覚や感覚で捉えることを表す

   I got it 分かりました。

4. **(場所・状態に) 到達する・なる**
   ※目に見える場所に至るという意味だけではなく、目に見えない状態(気分、病気、地位など)
   に達する時にも使う

   I will get there in ten minutes. 10分後に着きます。

   I got fat. 太ってしまった。
   ＊全文を「太った状態に達した。」と言い換え。

5. **～を買う・取ってくる**

   Can you get me some water? お水とってもらってもいい？

   Where did you get it? それどこで買ったの？

6. **(相手) に～してもらう** ※相手に依頼・説得して何かをしてもらう時に使う

   He got his friends to help him with his homework.
   彼は友達に宿題を手伝ってもらった。

❶ **get along**：うまくやる、仲がいい
We are getting along. 私たち仲良いわよ。
She is a difficult person to get along with.
彼女は付き合いづらいタイプだ。

❷ **get by**：何とかやっていく　※知識やお金などを駆使してやっていくこと
I will get by on my small savings.
少ない貯金でなんとかやっていくよ。

❸ **get down to ～**：～に取り掛かる
Let's get down to business. 本題に入りましょう。
＊「雑談をやめて本題に入ろう」という意味。

❹ **get in touch with ～**：～に連絡を取る
I will get in touch with you soon. すぐに連絡します。

❺ **get into ～**：～にハマる
I get into Korean dramas. 韓国ドラマにハマってて。

❻ **get married**：結婚する
They will get married in June. 彼らは6月に結婚する。

❼ **get over**：～を乗り越える・回復する
I'll get over it. 乗り越えてみせるわ。

❽ **get rid of ～**：～を取り除く
※不要・不快なものを取り除くこと。ゴミや症状なども含む
I got rid of my old chair. 古いイスを処分した。

get

getを使って英語に言い換えよう！

(1) お名前を聞き取れませんでした。

(2) よくそう言われます。

(3) 勘違いしないで。

(4) この歯の痛みがなかなか治らない。

(5) ドアに指挟んじゃった。

(6) 母に手伝ってもらう。

(7) 英語の絵本を娘に買ってあげた。

(8) まぐれです。

(9) 東京駅までどうやって行くの？

(10) 就職が決まったよ！

(11) 彼女怖がりなんです。

(12) 今度の上司とうまくいかないんだよ。

get

getで作った英文をチェックしてみよう!

(1) **I didn't get your name.**
*「聞き取れない=理解できない」と言い換え。

(2) **I get that a lot.**
*全文を「たくさんそれ(その言葉)を受け取る。」と言い換え。

(3) **Don't get me wrong.**
*全文を「私のことを間違って受け取らないで。」と言い換え。get me wrongはよく使われる表現

(4) **I can't get rid of this toothache.**
*「痛みがなかなか治らない=痛みを取り除けない」と言い換え。

(5) **I got my fingers caught in the door.**
*「指を挟む=指を捉えてもらう。」と表現。

(6) **I'll get my mother to help.**
* get 人 to ～で「人に～してもらう」という意味。

(7) **I got an English picture book for my daughter.**
*「娘に買ってあげた=娘のために買った」と言い換え。

(8) **I got lucky.**
*全文を「幸運な状態になった」と言い換え。「いえ、たまたまです」という謙虚な意味で使う。

(9) **How are you going to get to Tokyo Station?**
*全文を「東京駅にどのように到着するの?」と言い換え。

(10) **I got a job!**
*全文を「仕事を手に入れた!」と言い換え。

(11) **She gets scared easily.**
*全文を「怖がり=簡単に怖くなる」と言い換え。

(12) **I can't get along with my new boss.**
*「うまくいかない=仲良くできない」と言い換え。

get

025

13 give

＼お願いする時にも使える／
与えるのは物だけじゃないgiveの使い方

giveの由来・語源

「与える」の意味。自分が持っている物を与えること。そこから「譲る」「任せる」の意味にもなる。

一緒に確認しておきたい関連単語

deliver：〜を配達する・手渡す
provide：〜を提供する

1. （何か）を手渡す ※ものだけじゃなく、時間・労力・地位なども含む

   I gave my daughter a bag. 娘に鞄をあげた。

   I gave money to the community. その団体に寄付をした。

   *「寄付をした＝お金を手渡した」と言い換え。gaveはgiveの過去形。

   Give me a hint. ヒントちょうだい。

2. ～に（電話）をかける

   I'll give him a call. 彼に電話してみる。

3. ～に（病気）をうつす

   I hope I don't give you my cold.

   君に風邪をうつさなければいいんだけど。

giveを使った頻出表現

❶ **give away**：（秘密など）を漏らす、（景品）を配る

   The supermarket always gives away free pocket tissues.

   そのスーパーではいつも無料でポケットティシュを配ってるよ。

   *「無料で＝無料の」と言い換え。

❷ **give it a shot**：やってみる

   Just give it a shot. とりあえずやってみたら。

❸ **give up**：～を諦める、（今持っている物や習慣）を手放す

   He finally gave up smoking. 彼、ついにタバコやめたよ。

give

giveを使って英語に言い換えよう!

(1) 例を挙げるね。

(2) ちょっと手伝ってくれない?

(3) 駅まで乗せていってくれない?

(4) お名前とご住所をお願いします。

(5) あと10分待って!

(6) それ、あなたにあげるわ。

(7) 笑って!(写真を撮る時)

(8) ご意見いただけませんか?

(9) 彼がスピーチをするよ。

(10) 割引していただけませんか?

give

giveで作った英文をチェックしてみよう!

(1) **Let me give you an example.**
*全文を「あなたに例を与えましょう。」と言い換え。

(2) **Give me a hand.**
*「手伝って=手を貸して=手を与えて」と言い換え。

(3) **Do you mind giving me a ride to the station?**
* give 人 a rideで「人を乗せる」という意味。Do you mind ～? で「～を嫌がりますか?」の意味。詳細はp171

(4) **Could you give me your name and address?**
*全文を「名前と住所をくれませんか?」と言い換え。

(5) **Give me 10 minutes, please!**
*全文を「10分ください。」と言い換え。

(6) **I'll give it to you.**

(7) **Give me a smile!**
*全文を「笑顔をください!」と言い換え。

(8) **Could you give us some feedback?**
*「ご意見いただく=あなたが我々に意見を与える」と言い換え。feedbackは「意見」という意味。

(9) **He will give a speech.**
*「スピーチをする=スピーチを与える」と言い換え。give a speech で「スピーチをする」の意味。

(10) **Could you give me a discount?**
*全文を「あなたは私に割引を与えることはできますか?」と言い換え。discountは「割引」の意味。

英会話力が一番伸びた時にやっていたこと

　私自身が一番英会話力を伸ばすことができたなと感じるのが、3ヶ月の
カナダへの留学から帰国した後の2年間。ちょうど大学3年生〜4年生の時
でした。

　その時私が毎日やっていたこと。それは第2章でもお伝えした「独り言」。
朝起きてからの自分の行動を英語で考えて言ってみたり、「今日の英語の授
業でこんなこと言いたいな」と思う文章を英語で考えて言ってみたり。あとは
「もし今海外に行って誰かとカフェでお茶するとしたら、こんな話がしたいな
〜」と妄想して話してみたり（笑）。

　ちょっと怪しいですが、実はこれが最強に効果がありました。

　いつも、「これ、英語で何って言うんだろう？」という思考を持ち続け
て生活していたことで、英語の思考がインストールされて、だんだん言
いたいことがパッと英語で出てくるようになったのです。

　この時私が確信したこと。それは、英会話は、まずは一人で練習するも
のだということ。

　会話って誰かとするものですが、そもそも自分が言いたいことを言えな
いと会話が成り立たない。

　英会話を習いに行っても上達できないのは、それ以前の問題で、英会話
をするための準備ができてないということなのです。

　英会話はまず一人から。そして家で独り言、これが最強です。

027

14 go

＼「どこかに行く」だけで終わらない／
深掘りして使いたい単語 go

goの由来・語源

進んでいくこと、そしてその姿が消えることも指す。「行く」と「逝く」の
意味がある。

一緒に確認しておきたい関連単語

drive：〜を…させる

gone：過ぎ去る、亡くなった

押さえておきたい **go** が持つ意味

1. 行く

※ある場所からある場所に移動すること。聞き手がいる場所から離れていく状態
※ goとcomeの違いはp81にて

I go to the office every weekday. 平日はいつも会社へ行きます。

I'll go with you. 一緒に行くよ。

I have to go to the hospital this afternoon.
午後に病院に行かなきゃいけない。

2. (〜するために) 行く

※何かをするため、何かに参加するために行くことを表現する

I am going to go shopping with my husband.
夫と買い物に行く予定よ。

I want to go skiing. スキーに行きたいな。

＊ go 〜 ing で「〜をしに行く」の意味。例）go hiking（ハイキングに行く）、go swimming（泳ぎに行く）、go driving（ドライブに行く）

3. 物事が進む ※物事の進み具合を伝える時に使う

How are things going? 最近調子はどうですか?

＊「進捗状況はどうですか?=物事はどのように進んでいますか?」と言い換え。

4. ある状態になる

She went to sleep. 彼女は寝てしまった。

＊ wentはgoの過去形。

5. 然るべき場所に置かれる

This shirt goes in the closet. このシャツはクローゼットに入れて。

＊「に入れて=に置かれるようにして」と言い換え。

❶ go bankrupt：（会社が）倒産する

The company went bankrupt. 会社が倒産しました。

＊「店じまいをする」と言いたい時はgo out of business。

❷ go down：まっすぐ進む

Go down **this street.** この道をまっすぐ進んで。

❸ go easy on ～：～を控えめにする、大目に見る

Go easy on **me.** お手柔らかにお願いね。

❹ go for it：やってみなよ、頑張れ

Go for it. **You can do it!** やってみなよ。君ならできるよ!

❺ go on：起こる、続ける

What's going on **here?** 一体何が起こってるの？

Please go on. 続けてください。

❻ go out：外出する

I am about to go out. 今出かけようと思ってたとこ。

＊ be about to ～で「～しようとしているところ」の意味。

❼ go with ～：～と一緒に行く、調和する

This tie goes with **your suit.** このネクタイあなたのスーツに合ってるわ。

goを使って英語に言い換えよう！

（1）　もう行かないと。

（2）　すぐ行きます。

（3）　甘い物はほどほどにね。

（4）　A「あのプロジェクトうまくいった？」
　　　B「おかげさまで。うまくいったよ」

（5）　準備できたよ。

（6）　買い物に付き合ってよ。

（7）　食料品買いに行かなきゃ。

（8）　このチーズ、ワインに合うね！

（9）　この道をまっすぐ進んだら左手に見えるよ。

go

goで作った英文をチェックしてみよう！

(1) **I have to go now.**
*全文を「私は今行く必要がある。」と言い換え。日本語に主語がないので英訳する時は主語 "I" を付ける。

(2) **I'll go there in a minute.**
* in a minute は「すぐに」という意味の表現。

(3) **Go easy on the sweets.**

(4) **A : How did the project go?**
    B : It went well, thank you.
*「プロジェクトうまくいった？＝プロジェクトどのように進んだ？」「うまくいった＝うまく進んだ」と言い換え。How did it go？は「どうだった？」と進捗や結果を聞く表現。

(5) **I'm ready to go.**
*「準備ができた＝行くための準備ができている」と言い換え。

(6) **Can you go shopping with me?**
*「買い物に付き合って＝私と一緒に買い物に行ける？」と言い換え。

(7) **I have to go to the grocery store.**
* grocery store で「食料品のお店」の意味。

(8) **This cheese goes well with wine.**
* go well with 〜 で「〜によく合う」の意味。

(9) **Go down this street, and you'll see it on your left.**

15 have

＼「持っている」だけじゃない!? ／
押さえておきたい! haveが持つ3つの意味

haveの由来・語源

手に入れるが語源。物だ
けではなく、自分がある
状態になることも指す。

一緒に確認しておきたい関連単語

carry：〜を運ぶ

enjoy：〜を持っている、〜に恵まれている

押さえておきたい**have**が持つ意味

1. 〜を持っている、〜がある状態になる
   ※物、身体的特徴など目に見えるものだけではなく、目に見えないものも含む（考えや予定、時間、知識や印象、病気など）

   I have two cars. 車を2台持っています。

   I have an idea. 考えがあります。

This house has a beautiful garden.
この家には美しい庭があります。

This car has a navigation system.
この車にはナビが搭載されています。
＊「車に搭載されている＝車がナビを持っている」と言い換え。

I have a cold. 風邪をひいています。

I have a younger sister. 妹がいます。
＊誰かとの関係を表して、家族・友人・ペットがいるという時も使える。

I have a pet. ペットを飼っています。

2. （何か）を食べる・飲む　※レストランで注文する時に使える便利表現
I'll have a small salad. 小さいサイズのサラダにします。
＊「にします」とは要は「食べます」ということ。

I'll have a drink. 一杯飲もうかな。

3. ～を経験する・過ごす・行う　※イベント・予定があることを表現する
I had a day off today. 今日は休みでした。
＊「休みでした＝a day off（休暇）を持ちました」と言い換え。

We are going to have a party next week.
来週パーティーを開く予定です。

haveを使った頻出表現

❶ **have fun**：楽しむ
I had a lot of fun. とても楽しい時間でした。

❷ **have to ～**：～をしなければならない
I have to do my homework. 宿題をやらなきゃ。

You don't have to worry. 心配する必要ないよ。
＊don't have to ～ は「～する必要がない」という意味になる。「～してはいけない」にはならないので注意を。

have

haveを使って英語に言い換えよう!

(1) 来週出産予定なの。

(2) これもらってもいい?

(3) お気遣いなく。

(4) あのお店セールやってるよ!

(5) コーヒーを1杯ください。

(6) 詳しいですね!

(7) まさか!

(8) お時間ありますか?

(9) 絶対いつか会おうね!

(10) あなたは友達に恵まれてるね。

(11) 午後2時に歯医者の予約があるのよ。

haveで作った英文をチェックしてみよう！

(1) **I'm going to have a baby next week.**
＊「来週出産予定=来週赤ちゃんがいる状態になる」と言い換え。

(2) **Can I have this?**
＊全文を「これ、私が持つことができますか？」と言い換え。

(3) **You don't have to do this.**
＊全文を「お気遣いなく=こんなことする必要がない」と言い換え。

(4) **The store is having a sale!**
＊「セールをやってる=セールを行ってる」と言い換え。

(5) **I'll have a coffee.**
＊全文を「私はコーヒー1杯を飲むつもりだ。」と言い換え。カフェやレストランで注文する時に使える表現。

(6) **You have a lot of knowledge!**
＊「詳しい=知識をたくさん持っている」と言い換え。 knowledgeは「知識」の意味。

(7) **I had no idea!**
＊「まさか=予想外、信じられない=そんな考えを持っていなかった」と言い換え。I have no idea.だと「分からない」という意味になる。

(8) **Do you have some time?**
＊「時間ある？=時間を持ってる？」と言い換え。Do you have the time? だと「何時？」という意味になる。

(9) **We have to get together some day!**
＊「いつか絶対会おう=いつか一緒に集まらなきゃ」と言い換え。get togetherは「集まる」の意味。

(10) **You are lucky to have such great friends.**
＊「友達に恵まれてるね=素晴らしい友達がいて幸せだね。」と言い換え。

(11) **I have a dentist appointment at 2 pm.**
「予約がある=予約を持っている」と言い換え。

031

16 hear

\ 「聞こえる」 だけじゃない /
いろいろな場面で使えるhearの用法

hearの由来・語源

音や情報を聞くこと、また意見を聞き入れること。向こうから聞こえてきた音・情報・意見を聞き入れる様子を指す。

一緒に確認しておきたい関連単語

listen：聞く
catch：～を聞き取る・理解する

1. ～が聞こえる

※耳に何かの音が聞こえてくること・何かの情報を耳にしたことを指す

I hear sirens. サイレンの音が聞こえる。

I'm sorry to hear that. それは残念だったね。

*全文を「それを聞いて気の毒に思う。」と言い換え。

I hear he moved to Tokyo. 彼は東京に引っ越したらしい。

2. ～を理解する、分かる

I hear you. （共感するように）分かる。

3. （意見）に耳を傾ける

I would like to hear your opinion.

（会議などで）あなたの意見をお伺いしたいです。

hearを使った頻出表現

❶ **hear from ～** : ～から連絡をもらう

I look forward to hearing from you.

あなたからの連絡を楽しみにしてるわ。

hearとlistenの違いは?

無意識に耳に入ってくる、自然に聞こえてくるなら**hear**

例）電話が鳴る音、救急車のサイレン

意識して聴く、集中してしっかり聴くなら**listen**

例）音楽、ラジオ

I'm listening to her. 彼女の話聞いてるわよ。

hearを使って英語に言い換えよう！

(1) （電話で）よく聞こえないんだけど。

(2) （電話で）今、聞こえる？

(3) （電話で）はい、はっきり聞こえます。

(4) 誰かドアをノックしてる？

(5) わかる。私も寒いの苦手。

(6) お噂はかねがね伺っていますよ。

(7) もう寝なさい！ 分かった？

(8) 耳鳴りがする。

(9) ずっと隣から物音がするんです。

(10) 連絡くれてありがとう。

(11) それはよかった。

hearで作った英文をチェックしてみよう！

(1) **I can't hear you very well.**
＊全文を「あなた（の声）が聞こえません。」と言い換え。

(2) **Can you hear me now?**
＊「聞こえる?＝私（の声）が聞こえますか?」と言い換え。

(3) **Yes, I can hear you clearly.**
＊日本語にはない「誰の」という部分を追加して「私はあなたの声がはっきりと聞こえます。」と表現。clearlyは「はっきり」「明確に」の意味。

(4) **Do you hear a knock on the door?**
＊全文を「ドアをノックする音が聞こえる?」と言い換え。

(5) **I hear you. I don't like cold weather, either.**
＊「分かる＝あなたの気持ち理解できる」と言い換え。

(6) **I've heard a lot about you.**
＊全文を「あなたに関してたくさん聞いてます。」と言い換え。

(7) **Go to bed now! Do you hear me?**
＊「分かった?＝私（が言ったこと）聞こえた?」と言い換え。

(8) **I hear ringing in my ears.**
＊全文を「耳の中で鳴り響く音が聞こえる。」と言い換え。

(9) **I keep hearing noises coming from next door.**
＊「ずっと物音がする＝音が聞こえ続けている」と言い換え。

(10) **It's so nice to hear from you.**

(11) **That's good to hear.**
＊「それはよかった＝それは聞けてよかった」と言い換え。

17 help

＼「役に立つ」は日本語訳だけではない！／ 高い汎用性で用途としても「役に立つ」help

helpの由来・語源

人の助けをすること。それによって役に立ち、また物事がうまく進むこと を指す。

一緒に確認しておきたい関連単語

support：〜を援助する
hand：手助け

1. ～を手伝う、手伝い
   Sometimes I help my son do his homework.
   時々、息子の宿題を手伝ってるよ。
   ＊help＋人＋(to) 動詞で「人が～するのを助ける」の意味。

   Thank you for your help. 手伝ってくれてありがとう。

2. 役に立つ、助けになる
   It helps a lot. それがすごく役に立つんだよ。
   The medicine helps ease the pain. 薬で痛みが和らぐ。
   ＊「薬は痛みを和らげるのに役立つ。」と言い換え。helpは人以外も主語にもつことができる。
   easeは「(痛みを) 軽減する」、painは「痛み」という意味。

helpを使った頻出表現

❶ **help yourself**：自由に食べる
   Help yourself to more salad. サラダをもっと食べてください。

❷ **can't help ～ ing**：～せずにはいられない
   I can't help crying. 泣かずにはいられない。
   I can't help thinking about next week's party.
   来週のパーティーのことを考えずにはいられない。

help

helpを使って英語に言い換えよう！

(1) しょうがない。

(2) めちゃくちゃ助かる。ありがとう！

(3) 毎日、息子が夕食の手伝いをしてくれるんです。

(4) 薬が効かなかった。

(5) 手伝ってほしい。

(6) キッチンにクッキーがあるから自由に食べてね。

(7) 何かお困りですか？

(8) （ワンピースの）ファスナー閉めるの手伝ってくれない？

(9) （病院などで）今日はどうなさいましたか？

(10) ありがとう。今日は本当に助かったよ。

helpで作った英文をチェックしてみよう!

(1) **I can't help it.**
＊「しょうがない＝どうすることもできない＝助けることができない」と言い換え。自分がコントロールできない状況を指す。

(2) **That helps a lot. Thank you!**
＊「とても助かる＝それはとても役に立ちます」と言い換え。

(3) **Every day, my son helps me cook dinner.**
＊「夕食の手伝いをしてくれる＝夕食を作るのを手伝う」と言い換え。

(4) **The medicine didn't help.**
＊「効かなかった＝役に立たなかった」と言い換え。

(5) **I need your help.**
＊「手伝ってほしい＝あなたの助けが必要」と言い換え。ここのhelpは名詞。

(6) **There are some cookies in the kitchen. Help yourself.**
＊There are ～ は「～がある」の意味。

(7) **Do you need some help with that?**
＊全文を「何か助けが必要ですか?」と言い換え。

(8) **Could you help me zip up my dress?**
＊zip up で「～のファスナーを閉める」の意味。dressは「ドレス」や「ワンピース」の意味。

(9) **How can I help you today?**
＊全文を「どのようにしてあなたを助けられますか?」と言い換え。医療現場では定番表現。

(10) **Thank you. You were a great help today.**
＊「本当に助かった＝大きな助け」と言い換え。

035

18 hope

＼「望む」だけじゃない／
うまく使いこなしたいhope の用法

hopeの由来・語源

気持ちが弾むこと。hop（跳ねる）に関係がある。「こうなるといいな」という可能性を信じて望む・期待する。

一緒に確認しておきたい関連単語

hopefully：できれば（「望みがたくさん」から転じて）
Hopefully, I will see you again. できればまたお会いしたいです。

hopeless：絶望して（「希望が少ない」の意味から）
This team is hopeless. このチームは絶望的。

1. ～であればよいと望む、～と期待する
※起こりうる可能性があることに使う

I **hope** to see you soon. すぐに会えたらいいな。
＊「あなたとすぐに会えることを望む。」という意味。

I am **hoping** for nice weather. よい天気になるといいな。
＊ hope for ～ で「～を願う」の意味。

2. ～したいと思う
I **hope** to go abroad someday. いつか海外に行きたいな。

3. （名詞で）期待、見込み
He has no **hope** of passing the test.
彼がテストに合格する見込みはありません。

hopeと**wish**の違いは？

hopeは実現可能であることを期待する。
I **hope** I can pass the test. 試験受かるといいな。

wishは現実になるのが難しそうなことを夢見る。
I **wish** I could pass the test.
試験合格できたらいいんだけど（きっと無理そうだけど）。

hope

036

hopeを使って英語に言い換えよう!

(1) 雨すぐ止むといいな。

(2) また会えるといいな。

(3) 絶望的だね。

(4) 気に入っていただけると嬉しいのですが。

(5) A「明日、雨降らないといいな」
   B「そうだね」

(6) 彼が無事に来られるといいけど。

(7) 私たちに勝算はある?

(8) お元気だといいんですが。

(9) 彼だけが頼みの綱です。

(10) 何事もなければいいんだけど。

hopeで作った英文をチェックしてみよう!

(1) **I hope that the rain stops soon.**
＊「雨がすぐに止むことを望む。」という意味。

(2) **I hope to see you again.**

(3) **There is no hope.**
＊全文を「希望がない。」と言い換え。

(4) **I hope you like it.**
＊全文を「あなたがそれを好むのを望む」と言い換え。

(5) **A : I hope it won't rain tomorrow.**
　　B : Hopefully not.
＊1文目は「雨が降らないことを願う。」と言い換え。2文目は「そうだね＝できればそうならないといいね。」と言い換え。

(6) **Hopefully, he will get here safely.**
＊「〜だといいけど＝できれば〜」と言い換え。「無事に来る＝安全にここに到着する」と言い換え。

(7) **Is there any hope of us winning the game?**
＊「勝算＝勝つための見込み」と言い換え。

(8) **I hope you are well.**
＊全文を「あなたが元気であることを願う。」と言い換え。

(9) **He is our only hope.**
＊「頼みの綱＝唯一の希望」と言い換え。

(10) **I hope everything will be all right.**
＊全文を「全て all right（大丈夫）だと望む。」言い換え。

037

19 keep

＼日本語の「キープする」から脱出！／
英語での使われ方はこれ！

keepの由来・語源

自分の元にそのままの
状態で保っている。「保
管する」「状態を保つ」
という意味も。

一緒に確認しておきたい関連単語

carry：〜を保持する
manage：〜を管理する

押さえておきたいkeepが持つ意味

1. 〜をずっと持っている
   I keep all my receipts. レシートは全部ずっと持っています。
   Can you keep my bag while I am in the toilet?
   トイレの間、私の鞄を持っていてくれますか？

2. 〜を保管する・しまっておく
   We keep your details in this file.
   あなたの詳細はこのファイルに保管しています。

keep

132

3. (何か) をし続ける・したままにする
I'd like to keep the video off. ビデオなしでお願いします。
＊全文を「ビデオをオフにしたままでお願いします。」と言い換え。

I'm trying to keep my room clean.
私は部屋をきれいに保つようにしています。

4. (約束・秘密など) を守る
I will keep my promise. 約束は守ります。

5. (誰かのために) 〜をとっておく
Will you keep this seat for me? 席取っておいてくれない?

6. (害などから) 〜を守る
Washing our hands keeps us from getting viruses.
手を洗うことでウイルス感染を防げます。
＊全文を「手洗いはウイルスに感染することから私たちを守ります。」と言い換え。

7. (日記・記録・メモを継続的に) つける・とる
I keep a diary every day. 毎日日記をつけています。

keepを使った頻出表現

❶ **keep in touch**：連絡を取る
Let's keep in touch. 連絡を取り合いましょう。

❷ **keep it in mind.**：覚えておく
I'll keep it in mind. 覚えておきます。
＊「それを心に持ち続けて」と言い換えられる表現。

❸ **keep up with 〜**：〜に遅れないようについていく
I read economics magazines to keep up with the times.
時代に乗り遅れないように経済誌を読んでいるよ。

keepを使って英語に言い換えよう!

(1) 冷蔵庫で保管した方がいい?

(2) 約束守ってよ。

(3) お釣りは取っておいてください。

(4) 彼に禁煙するようにずっと言ってるんだけどな。

(5) 暖かくして過ごしてね。(別れ際に)

(6) しばらく私の鞄見ていてくれる?

(7) あなたの部屋はいつもきれいね。

(8) 彼には追いつけないわ。

(9) 待たせてごめんなさい。

(10) 席取っておくね!(カフェなどで)

(11) 毎日家計簿をつけています。

keepで作った英文をチェックしてみよう！

(1) Do I have to keep it in the fridge?

(2) Please keep your promise.

(3) Keep the change.

(4) I keep telling him to stop smoking.

(5) Keep warm.
＊「暖かくした状態でいてね。」と言い換え。

(6) Can you keep an eye on my bag for a while?
＊「鞄を見る＝鞄に目がある状態のままにする」と言い換え。keep an eye onで「〜を気をつけて見ておく」という決まりフレーズ。

(7) You always keep your room clean.
＊「いつもきれい＝きれいに保っている」と言い換え。日本語にはない主語として、「あなたは」を補うのが英訳では必須となる。

(8) I can't keep up with him.

(9) Sorry to keep you waiting.
＊「待たせる＝あなたを待っている状態のままにする」と言い換え。

(10) I'll keep your seat.

(11) I keep my household accounts every day.
＊ keepは「〜に書き続けている」の意味も持つ。keep (one's) household accounts で「家計簿をつける」もよく使われる表現。

039

20 know

＼「知ってる」だけじゃない!? ／
知っておきたいknowが持つ4つの意味。

knowの由来・語源

情報が頭にある状態。そこから「知っている」「〜だと分かる」という意味に。

一緒に確認しておきたい関連単語

knowledge：知識

learn：経験したり教わったりして、知識やスキルを得ること

notice：見たり聞いたりして何かに気がつくこと

realize：〜を理解する、〜に気がつく

押さえておきたい**know**が持つ意味

1. ～を知っている　※学んだり経験したりすることで情報を得ること
   I know what you're thinking. あなたの考えていることは分かるわ。
   I don't know where to go. どこへ行けばいいか分からない。

2. ～を認知する、～に気が付く
   He doesn't know I'm here. 彼は私がここにいることを知らない。

3. （人）を知っている
   I know him. 私、彼知ってるよ。
   Do you know Tanaka-san? 田中さん知ってる？

4. ～を確信している
   I know I left my umbrella at school.
   学校に傘を忘れてきたに違いない。

know

knowを使って英語に言い換えよう!

(1) 言ってること分かるでしょ?

(2) 理由を教えて。

(3) やっぱり!

(4) あのレストラン覚えてる?
    ほら、前に行った。

(5) 私に知らせてね。

(6) ちょっと聞いてよ!

(7) 自分のやりたいことがやっと分かったよ。

(8) 失礼ですが、お会いしたことはありますか?

(9) 何と言えばいいかしら。

(10) あなたたち2人はどういう知り合いなの?

(11) さあね。

knowで作った英文をチェックしてみよう！

(1) **You know what I mean?**

「言ってること＝私が意味していること」「わかるでしょ？＝あなたは知っています」と言い換え。

(2) **I want to know why.**

＊全文を「なぜなのか知りたい。」と言い換え。

(3) **I knew it!**

＊全文を「私知ってた！」と言い換え。knewはknowの過去形。

(4) **Do you remember that restaurant?**
You know, we went there before.

＊「ほら＝あなたも知ってるでしょ」と言い換え。You know は会話中のつなぎのフレーズとして使われる。rememberで「覚えている」の意味。

(5) **Let me know.**

＊「私を知っている状態にさせて」と言い換え。letは「〜させる」という意味（※145ページ参照）。これも決まり文句。

(6) **You know what?**

＊「ちょっと聞いてよ＝あなたも何か（それを）知ってる？」と言い換え。これも決まりフレーズ。

(7) **Now I know what I want to do.**

(8) **Excuse me. Do I know you?**

＊「お会いしたことはありますか？＝私はあなたを知っているのですか？」と言い換え。

(9) **I don't know what to say.**

＊全文を「言うべきことが何かわからない。」と言い換え。

(10) **How do you know each other?**

＊「お互いをどのように知ったの？」と言い換え。

(11) **Who knows?**

＊「誰が知ってるの？」と言い換え。決まりフレーズ。言い方によっては無責任な印象になるので注意が必要。

know

041

21 leave

＼「出発する」だけじゃない／
会話で使いこなしたいleaveの5つの意味

leaveの由来・語源

「残していくこと」を表す。残したままにして去って後は任せること。また物・人・場所から遠ざかる・離れること。

一緒に確認しておきたい関連単語

arrive：到着する
depart：出発する

1. 〜を離れる、出発する
   I leave **work at 5**. 私は職場を5時に離れます。

2. 〜を残す
   I left **my bag on the train.** 電車に鞄を忘れてきちゃった。
   ＊leftはleaveの過去形。「忘れてきた＝残してきた」と言い換え。

3. 〜を任せる・託す
   Please leave **it to me.** 私に任せてください。

4. 〜を預ける
   Can I leave **my bag with you?** 私の鞄、預かってくれますか？

5. 〜を…のままにする
   I leave **the window open at night in summer.**
   夏は夜に窓を開けたままにしている。

leaveを使った頻出表現

❶ **leave for 〜**：〜へ向けて出発する
   I usually leave **for work at 7**.
   私はたいてい7時に仕事へ向かいます。

leave

141

leaveを使って英語に言い換えよう!

(1) ほっといて!

(2) 家に傘忘れちゃった。

(3) いつ家を出る?

(4) これお願いしてもいい?

(5) 母からこの家を相続しました。

(6) 早退してもいいですか?

(7) ドアを開けたままにしておいてもらえますか。

(8) 来年の4月に退職します。

(9) 去年学校を辞めました。

(10) 明日オーストラリアに向かいます。

(11) 会議を抜けても構いませんか?

(12) 伝言をお願いできますか?

leaveで作った英文をチェックしてみよう！

(1) **Leave me alone!**
*全文を「1人でいる状態のままにして。」と言い換え。

(2) **I left my umbrella at home.**
*「家に忘れた＝家に残してきた」と言い換え。leftはleaveの過去形。

(3) **When do you leave home?**
*「家を出る＝家を出発する」と言い換え。

(4) **Can I leave this with you?**
*「お願いする＝あなたに任せる」と言い換え。

(5) **My mother left this house to me.**
*「私が母から相続した＝母が私に残した」と言い換え。

(6) **Can I leave early?**
*「早退する＝早く離れる」と言い換え。

(7) **Would you leave the door open?**
*全文を「あなたにドアを開けたままにしてもらえますか？」と言い換え。

(8) **I'm going to leave the company next April.**
*「退職する＝会社を離れる」と言い換え。

(9) **I left school last year.**
*「学校を辞めた＝学校を離れた」と言い換え。

(10) **I'm leaving for Australia tomorrow.**

(11) **May I leave the meeting?**
*「会議を抜ける＝会議を離れる」と言い換え。

(12) **Can I leave a message?**
*「伝言をお願いする＝メッセージを託す」と言い換え。

leave

043

22 let

＼ "Let's"にだけ使うなんてもったいない！／
日常会話で使える便利なletの用法

letの由来・語源

「許す」が元の意味。そこから「解放する」「何かをさせる」の意味に。

一緒に確認しておきたい関連単語

cause：〜を引き起こす、〜させる

make：（何かを強制して）〜させる

1. ～しよう（Let's の形式で）

※提案や自分がやりたいことを伝える丁寧な表現

Let's take a break. 一休みしよう。

Let's try anyway. とにかくやってみよう。

2. （人）を許す・許可する

Don't let anyone touch my bag. 誰も私の鞄に触れさせないで。

＊「触れるのを許すのをしないで。」ということ。

3. ～させる（何かを要求したい時）

Let me introduce myself. 自己紹介させてください。

Let me go! 行かせて！

＊「どこかに行くことを許して」「捕まえられていたところから自由にさせて」のいずれでも使える表現。

Let us discuss this later. この件については、後ほど議論しましょう。

＊Let us の短縮形が Let's。「私たちに～させましょう」から、相手を誘って「一緒に～しよう」と誘う表現になった。改まった場面では、短縮せずに Let us と言う場合もある。

let と make の違いは？

どちらも「～させる」という意味を持つが、使う場面が異なる。

let は「許可」を表し、「何かを許してさせてもらう」という時に使う。

Let me check. 確認させて。

make は「使役」を表し、「何かを強制してやらせる」という時に使う。

Don't make me laugh. 笑わせないで。

let

letを使って英語に言い換えよう！

(1) 分かったら知らせてね。

(2) ちょっと考えさせて。

(3) がっかりさせないで。

(4) 通してください。

(5) ちゃんと知らせるね。

(6) 二度と同じ過ちは繰り返しません。

(7) 彼にやらせてあげようよ。

(8) 荷物持つの手伝いますよ。

(9) 中に入れてよ。

(10) 伝えたいことがあるんだけど。

(11) たまには外食しようよ。

(12) 今はやめておこう。

letで作った英文をチェックしてみよう！

(1) **Let me know.**
    ＊全文を「私に知らせてね。」と言い換え。「決まってないことが決まったら教えてね」というニュアンスの時に使う。

(2) **Let me think about it.**
    ＊全文を「私にそのことに関して考えさせて。」と言い換え。すぐには答えを出せない時の一言。

(3) **Don't let me down.**
    ＊「がっかりさせる＝その人をdown（落ち込んだ状態に）させる」と言い換え。

(4) **Let me through.**

(5) **I'll let you know.**
    ＊「ちゃんと知らせる＝あなたを知っている状態にさせる」と言い換え。

(6) **I won't let it happen again.**
    ＊全文を「私がそれをもう起こさせない。」と言い換え。

(7) **Let him try.**

(8) **Let me help you with your luggage.**
    ＊全文を「私にあなたの荷物であなたを手伝わせて。」と言い換え。

(9) **Let me in.**
    ＊全文を「中に入れてよ＝私を中にいる状態（in）にさせて。」と言い換え。部屋などへ物理的に入れてほしい時にも、仲間として心理的に加えてほしい場合も使える。

(10) **Let me tell you something.**
    ＊全文を「あなたにあることを伝えさせて。」と言い換え。

(11) **Let's eat out sometime.**
    ＊全文を「いつか外に食べに行きましょう。」と言い換え。eat out で「外食する」の意味。

(12) **Let's not do it now.**
    ＊全文を「今はそれをするのをやめておこう。」と言い換え。

045

23 like

＼「好き」だけじゃない／
表現の幅を広げるlikeの用法

likeの由来・語源

「外見」が元の意味。
「外見が似ている」
「好きになる」と派生。

一緒に確認しておきたい関連単語

dislike：〜が嫌い
alike：似ている
likely：起こりそうな

押さえておきたい**like**が持つ意味

1. 〜が好き、〜の方が好き
   I like **the way he talks.** 彼の話し方が好き。

2. ～を気に入る
You will like the restaurant. そのレストラン気に入ると思うな。

3. ～と同様の、～に似ていて
You are like me. 僕たち同類だね
＊全文を「君は僕と同類だね。」と言い換え。

4. （例えば）～みたいな、～のような
What is she like? 彼女ってどんな感じの人?
＊全文を「彼女は例えば何みたい?」と言い換え。

I'm good at sports like soccer and basketball.
サッカーとかバスケみたいなスポーツが得意なんだ。

5. 恐らく～のようだ
Looks like you're sick. 具合悪そうだね。
＊全文を「恐らくあなたが病気になっているように見える。」と言い換え。

6. ～にふさわしい
It's not like you. あなたらしくない。

likeを使った頻出表現

❶ **would like to ～** : ～したいと思う ※丁寧な口調
I would like to make a reservation for tonight.
今夜の予約をしたいのですが。
＊ make a reservation で「予約する」の意味で、よく使われる表現。

I'd like to apologize. お詫びさせてください。
＊全文を「謝りたいのですが。」と言い換え。

❷ **How do you like ～?** : ～はいかがですか?
※意見や感想を求める時に使える表現

How do you like Japan? 日本はいかがですか?

How do you like your coffee? コーヒーはどうされますか?
＊「ブラックなのか、ミルクを入れるのか」など、どのようにして飲むかを聞く時に使う。

likeを使って英語に言い換えよう!

(1) このチョコレート濃厚でめちゃくちゃ好き!

(2) 昨日のことのように覚えている。

(3) あなたのTシャツいいね!

(4) 日本食はいかがですか?

(5) お支払い方法はいかがされますか?

(6) 前にもこんなことあったよね。

(7) 真似してやってみて。

(8) そうじゃないよ!

(9) 海側の部屋がいいです。

(10) お礼を言わせてください。

(11) おしゃれですね!

likeで作った英文をチェックしてみよう!

(1) **This chocolate is rich. I really like it!**
＊濃厚はrichで表現。richは「コクのある」「こってりした」と言いたい時も使える。

(2) **I remember it like it was yesterday.**
＊全文を「それが昨日だったかのように、それを覚えている。」と言い換え。

(3) **I like your T-shirt!**
＊全文を「あなたのTシャツが好きです。」と言い換え。日本語だと主語がないので、英語にする際には主語を作りましょう。今回ならIが主語として入る。

(4) **How do you like Japanese food?**
＊全文を「日本食をどのように好んでいますか?」と言い換え。How do you like ～は「～はいかがですか?」を意味し、意見や感想を求める時に使える表現。

(5) **How would you like to pay?**
＊全文を「どのように支払いたいと思いますか?」と言い換え。

(6) **Something like this happened before.**
＊全文を「これに似たことが以前も起こりました。」と言い換え。

(7) **Do it like I do.**
＊全文を「私がするのと同じようにそれをやりなさい。」と言い換え。

(8) **It's not like that!**
＊全文を「そのようではない!」と言い換え。相手が言ったこと全体をthatで受けて、「そんな感じじゃない!」と否定している。

(9) **I would like a room with an ocean view.**
＊全文を「海の景色のある部屋が好きなのですが。」と言い換え。wouldは「できれば～したい」と丁寧に言いたい場合にも使われる助動詞。

(10) **I would like to thank you.**
＊全文を「あなたに感謝をしたいのですが。」と言い換え。

(11) **I like your outfit!**
＊全文を「あなたの着こなし好きです!」と言い換え。outfitは服、道具などの一式のことを指す。

047

24 look

＼ ただ「見る」だけじゃない／
日常会話で使いこなしたいlookの用法

lookの由来・語源

「見える」が語源。自分が興味を持ったものに対して視線を送ること。目や顔を動かす動作のことを指す。

一緒に確認しておきたい関連単語

view：〜を眺める、分析する
stare：じっと見る

押さえておきたいlookが持つ意味

1. 見る、注意を向ける
   Look at this! これ見て!
   I'm just looking. ただ見てるだけです。

2. 〜のように見える
   You look happy. 嬉しそうだね。
   It looks great on you. それ似合ってるよ。
   ＊全文を「それはあなたに対して素晴らしく見えるよ。」と言い換え。

3. 〜のようだ ※起こりうる・真実のように思えること
   It looks like rain. 雨が降るみたいだね。

152

4. 〜の方を向いている

My room looks **to the south.** 私の部屋は南向きよ。

❶ look after 〜：〜の面倒を見る

I have to look after **my parents.** 両親の面倒を見ないと。

❷ look for 〜：〜を探す

I'm looking for **my key.** 鍵を探してる。

❸ look forward to 〜：〜を楽しみにしている

I look forward to **it.** 楽しみにしてるよ。
＊日本語では抜けている目的語としてitを補っている。

❹ look out：注意する、〜を注意して探す

Look out! **A car is coming.** 気をつけて！ 車が来てるわ。

❺ look up：（辞書や本などで）〜を調べる

You can look **it** up **online.** ネットで調べられるよ。

❻ look up to 〜：〜を尊敬している

I look up to **my father.** 父を尊敬している。
＊ look down on 〜 だと「〜を見下す」

lookは意識的に視線を向けて見ること。

seeは無意識のうちに目に入ってくること。

I looked **closely, but I couldn't** see **anything.**
じっと見たけど、何も見えなかった。

look

lookを使って英語に言い換えよう!

(1) どれも美味しそう。

(2) 元気そうだね。

(3) 大丈夫? 顔色悪いよ。

(4) 会えるの、楽しみにしてるよ。

(5) 何をお探しですか?

(6) 犬の世話をしないといけないの。

(7) A「これ、似合ってる?」
　　B「そのコートすごく似合ってるよ。」

(8) この写真、あなたじゃないみたい!

(9) もうこんな時間!

(10) これ、太って見える。

lookで作った英文をチェックしてみよう！

(1) **Everything looks good.**
　＊全文を「全て美味しそうに見える。」と言い換え。

(2) **You're looking well.**
　＊全文を「あなたは元気に見えます。」と言い換え。

(3) **Are you OK? You look pale.**
　＊2文目は「顔が青白く見える。」と言い換え。paleで「青白い」の意味。

(4) **I'm looking forward to seeing you.**

(5) **What are you looking for?**
　＊「あなたは何を探していますか?」と言い換え。

(6) **I have to look after my dog.**
　＊have to ～ で「～しないといけない」の意味。

(7) **A : How do I look?**
　　B : You look great in that coat.
　1文目は「私どのように見える?」と言い換え。look great in ～ で「（衣服など）がよく似合っている」の意味。

(8) **This picture does not look like you!**
　＊全文を「この写真はあなたのように見えない。」と言い換え。

(9) **Look at the time!**
　＊全文を「時間見てよ!」と言い換え。決まり表現である。

(10) **I look fat in this.**
　＊全文を「これを着ていると太って見える。」と言い換え。

洋楽や洋画って英語学習に使えるの?

「英語にできるだけ触れる時間を増やしたくて、洋楽を聞いたり洋画を観たりしているんですが、これって英語の上達に効果的ですか?」
これは、よくいただく質問。

　結論からお伝えすると、ただ聞いているだけ、観ているだけだと効果は薄いです。意味がわからないまま、ただ聞いたり観たりしていても、それを使えるようにはならないからです。

　私がやっていた洋楽や洋画の使いこなし方は、洋楽を聞くなら必ず歌詞を確認。わからないものは意味を調べる。そして一緒に口に出して歌ってみる。これをすることで使えるフレーズを発掘し、その発音を学ぶことができました。

　洋画を観るなら、まずは日本語の字幕付きで観て意味を理解する。2回目以降は英語の字幕付きで観て、単語や文章などを確認。音声と合わせて発音も一緒に学ぶことで、洋楽と同じく、日常で使えるフレーズを身に付けることができました。

　同じ映画を何度も観るというのは、少し退屈かもしれません。なので、勉強の時間と割り切ることが重要。

　本当に映画を純粋に楽しみたい時は、笑ったり怒ったり泣いたりも含めて感情的になるのもよし。その世界にどっぷり漬かって、セリフ1つ1つを追っかけるのはいったん置いておき味わい尽くす。

　一方で勉強用に観る際は、セリフはしっかりとなぞる。こんなふうに、娯楽用と勉強用と、視聴方法を分けてみるといいですよ。

　以上のように活用の仕方を少し工夫することで、洋楽も洋画も素晴らしい教材になります。

049

25 make

＼使いこなせば表現力が格段に増える／
makeの意味と使いこなし

makeの由来・語源

手を加えて「何もないところから新しいものを作り出す」こと。そこから「ある状態になる」こと。

一緒に確認しておきたい関連単語

form：〜を形作る
produce：新しいものを作り出す

1. 作る、創造する、（お金や利益）を生み出す

※（モノだけではなく）材料や部品など何かを組み合わせて作ること

I made sandwiches for lunch. お昼にサンドイッチを作った。

She makes a lot of money in business.

彼女、ビジネスでたくさん稼いでるよ。

2. ～をする ※後ろに来る名詞を実行するの意味

I would like to make an appointment. 予約をしたいのですが。

He always makes excuses. 彼はいつも言い訳している。

Don't make that face. そんな顔しないで。

You shouldn't make noise when you eat.

食べるときに音を立てないで。

3. ～させる ※ make 人 ～で「人を～させる」の意味

The news made me sad. その知らせを聞いて悲しくなった。

*全文を「そのニュースが私を悲しくさせた。」と言い換え。

Make yourself at home. （家にいるみたいに）くつろいでね。

*全文を「自分自身を家にいるようにさせてね。」と言い換え。

makeを使った頻出表現

❶ make friends with ～：～と友達になる

I made friends with Tom. トムと友達になったよ。

❷ make it

A)（時間に）間に合う、都合がつく

I don't think I can make it tonight. 今夜は行けそうにないや。

B) うまくいく

You can make it. あなたならうまくいくわ。

❸ **make a mistake**：失敗する
I made **a big** mistake.　大きな失敗を犯してしまった。

❹ **make out**：〜を理解する
I can't make out **what he is thinking.**
彼が考えていることは理解できないよ。

❺ **make sense**：意味を成す、理解できる
That doesn't make sense **to me.**　私には理解できない。

❻ **make sure**：確かめる
I'll make sure **about it.**　それについて確認しておくよ。

❼ **make up**：〜の埋め合わせをする、化粧をする
Let me make **it up to you!**　埋め合わせをさせて！
＊全文を「あなたに対してそれを埋め合わせするのを、私にさせて！」と言い換え。

❽ **make up one's mind**：決心する
Did you make up **your mind?**　決心はできた？

英語習得に必須！**make**を使った表現

Practice makes perfect.　習うより慣れろ。
＊「練習は完璧を生み出す」と言い換え。
英語はお勉強じゃなくスポーツと一緒。トレーニングありき。何回も繰り返して慣れるのが一番の近道。

makeを使って英語に言い換えよう!

(1) コーヒー淹れるね。

(2) これお土産にいいね。

(3) なぜそう思うの?

(4) すみません、今日は参加できません。

(5) まだ間に合いますよ!

(6) なるほど。

(7) ここまで理解できますか?(聞き手の理解度を確認する時)

(8) 忘れ物がないように気を付けて!

(9) 今日はスッピンです。

(10) ビールをください。あ、それ2つで。

(11) あなたのおかげで素晴らしい1日になったよ。

(12) 誰にでも間違いはあるよ。

makeで作った英文をチェックしてみよう！

(1) **I'll make you some coffee.**
＊「コーヒーを淹れる＝コーヒーを作る」と言い換え。

(2) **This will make a great gift.**
＊全文を「これは、よいお土産を生み出す。」と言い換え。

(3) **What makes you think so?**
＊全文を「何があなたをそう考えさせるの？」と言い換え。

(4) **I'm sorry I can't make it today.**
＊「参加できない＝都合を付けられない」と言い換え。都合が調整できない時に使う表現。

(5) **You can still make it!**

(6) **That makes sense.**
＊全文を「それは理解できる。」と言い換え。

(7) **Does this make sense so far?**
＊so far で「ここまで」の意味。

(8) **Make sure you don't forget anything!**
＊「何も忘れないことを確かめて。」と言い換え。

(9) **I'm not wearing makeup today.**
＊「スッピン＝化粧をしていない」と言い換え。wear makeupも「化粧をしている」の意味。

(10) **Can I get a beer? Make that two.**
2文目は「それを2つ作って」と言い換え。レストランなどで注文する時、追加で注文する時や注文を修正する時にmakeが使える。
例）I'll have a tea. Make that a coffee. お茶をください。やっぱりコーヒーで。

(11) **You made my day.**
＊全文を「あなたが私の1日を作った」と言い換え。make one's dayで「～の1日を素晴らしいものにする」の意味。

(12) **Everyone makes mistakes.**
＊全文を「誰でも失敗する。」と言い換え。

051

26 mean

＼深掘りすると意外な意味も!? ／
会話でうまく使いこなしたい単語 mean

meanの由来・語源

自分が実際に思っていること、本意を表に出すこと。

一緒に確認しておきたい関連単語

imply：〜をほのめかす

say：〜を示す

162

1. 〜を意味する

What do you mean? どういう意味？

*全文を「あなたは何を意味しているの？」と言い換え。

2. 〜を意図する ※表現しようとしていること、言っていることの本意

I know what you mean. 君の気持ち分かるよ。

*全文を「あなたが意図していることは知っている。」と言い換え。相手に共感する時に使える表現。

I mean it. 本気なんだけど。

*全文を「私はそれを意図している。」と言い換え。

3. 〜の重要性を持つ

It means a lot to me. とても嬉しいです。

*全文を「それは私に多くの重要性を持つ。」と言い換え。誰かに何かをしてもらった時に、自分にとっては「すごく重要＝とても嬉しい」という意味で使う。

4. 意地悪な、ケチな

He is so mean! 彼ってほんと意地悪！

mean を使った頻出表現

❶ mean to 〜：〜するつもり

I meant to LINE you. ラインしようと思ってた。

＊meant は mean の過去形。

meanを使って英語に言い換えよう!

(1) そういう意味じゃないです。

(2) これがほしいってこと?

(3) この単語どう言う意味?

(4) 悪気はなかったんだよ。

(5) 意地悪しないで。

(6) 意味が分からないよ。

(7) どうするつもりなの?

(8) 彼って彼女に意地悪だよね。

(9) 赤! じゃなくてやっぱりピンク…。(言ったことを訂正する時)

(10) 遅れるつもりじゃなかったんだ。

(11) この財布、私にとって大切なものなんです。

meanで作った英文をチェックしてみよう！

(1) **That's not what I mean.**
  ＊全文を「それは私が意図したことではない。」と言い換え。

(2) **You mean you want this?**
  ＊全文を「これがほしいってことを、あなたは意図していたの？」と言い換え。日本語に主語がないので、英語に訳す時は主語 you を使って表現。

(3) **What does this word mean?**
  ＊全文を「この単語は何を意味するの？」と言い換え。

(4) **I didn't mean it.**
  ＊全文を「それを意図していなかった。」と言い換え。相手が違う意味でとらえている時に、「そうじゃないよ」と強調するために使われるフレーズ。

(5) **Don't be mean.**
  ＊全文を「意地悪にならないで。」と言い換え。

(6) **I don't know what you mean.**
  ＊全文を「あなたの意味することが分からない。」と言い換え。

(7) **What do you mean to do?**

(8) **He is mean to her.**

(9) **It is red! I mean, pink.**
  ＊直前に言ったことを「やっぱり」というように訂正する時に I mean を使う。

(10) **I didn't mean to be late.**

(11) **This wallet means a lot to me.**
  ＊「私にとって大切＝私に対して重要性を持つ」と言い換え。

053

27 meet

\ 「出会う」だけじゃない /
ビジネスでも使えるmeetの用法

meetの由来・語源

2つの異なるものが「出会う」ことを表す。人同士の出会いだけではなく、
2つのものが出会うポイント・需要と供給・そのあたりのバランスのこと
も指す。

一緒に確認しておきたい関連単語

greet：～に挨拶する
face：～に顔を合わせる
meeting：集会、会議

1. （約束して）〜に会う
   I met him yesterday. 昨日彼に会った。
   ＊metはmeetの過去形

2. （初めて出会って）〜と知り合う
   I met my wife at university. 妻とは大学で出会いました。

3. （義務・要求）に応じる・満たす
   We met consumer demand. 消費者の要求に応じた。

4. （会議・集会が）開かれる
   The international conference will meet next week.
   国際会議が来週開催されます。

meetを使った頻出表現

❶ **meet up**：〜に会う
※何かを一緒にするために会う予定がある時に使う

Let's meet up at 9 am! 午前9時に会いましょう！

seeとmeetの違いは？

どちらにも「会う」という意味があるが、少しニュアンスが異なる。

seeは初対面ではない人と会う

I saw him yesterday. （よく知っている）彼に昨日会った。

meetは初対面・もしくは約束して会う

I met him yesterday. （初対面の）彼に昨日会った。

meet

meetを使って英語に言い換えよう！

(1) 何時に待ち合わせましょうか？

(2) 彼女とはパーティーで出会ったんだ。

(3) お会いできるのを楽しみにしています。

(4) 彼女には既にお目にかかったことがあります。

(5) 締め切りに間に合わせなきゃ！

(6) それについて打ち合わせできますか？

(7) 期待外れでした。

(8) お会いできて光栄です。

(9) お会いできてよかったです。

(10) ご要望にお応えできません。

meetで作った英文をチェックしてみよう！

(1) **What time will we meet up?**

(2) **I met her at a party.**

(3) **I'm looking forward to meeting you.**
　　＊英訳では主語のIと、誰に会うのか(you)を明確に言語化する。look forward to
　　〜で「〜を楽しみにする」の意味。

(4) **I've already met her.**
　　＊「お目にかかったことがある＝既に会ったことがある」と言い換え。

(5) **I have to meet the deadline!**
　　＊「締め切りに間に合わせる＝締め切りに応じる」と言い換え。meet the deadlineで「締
　　め切りに間に合う」という決まり文句となる。

(6) **Can I have a meeting about that?**
　　＊「打ち合わせできますか？＝話し合いの場を持つことができますか？」と言い換え。

(7) **It didn't meet my expectations.**
　　＊全文を「期待外れ＝それは私のexpectations(期待)を満たさなかった。」と言い換え。

(8) **It's an honor to meet you.**
　　＊honorで「名誉、光栄」の意味。

(9) **It was nice meeting you.**
　　＊全文を「あなたと会えたことがよかったです。」と言い換え。別れ際に使う言葉。

(10) **We cannot meet your needs.**
　　＊全文を「あなたのニーズを満たすことができない。」と言い換え。

055

28 mind

＼日本語の「マインド」とは違う！／
英語のmindの使い方

mindの由来・語源

「考える」という語源から、「考える場所（頭や精神）」や「気にする」という意味に派生。

一緒に確認しておきたい関連単語

dislike：〜を嫌う
attention：注意

押さえておきたいmindが持つ意味

1. 〜に注意する
   Mind **your step**. 足元に注意してね。

2. 〜を嫌だと思う、迷惑がる
   I don't mind **helping you**. 手伝うよ。
   ＊全文を「あなたを手伝うことを嫌だと思わない。」と言い換え。このようによく疑問文・否定文に使われる。

mind

3. 気にかける、気にする

Never mind. 気にしないで。

＊全文を「気にすることは決してない」と言い換え。neverは「決してない」という否定の言葉。Don't mind（ドンマイ）とは言いません。これは和製英語です。

4. 心、精神、記憶

My mind went blank. 頭が真っ白になっちゃった。

＊全文を「記憶が真っ白になってしまった。」と言い換え。go blankで「真っ白になる」の意味。

mindを使った頻出表現

❶ Mind your own business. : 余計なお世話です。

＊「あなたのビジネスを気にしろ。」という直訳から、「私には構わないで。＝余計なお世話だ。」という意味になる。

❷ make up one's mind : 決める

＊「心を作る」という直訳から「心を決める」という意味になる。

I made up my mind. 決心しました。

❸ keep one's mind : 集中する

Keep your mind on your studies! 勉強に集中して！

❹ slip one's mind : 忘れる

＊ mind（記憶）からslip（消える）の意味。

It slipped my mind. すっかり忘れてたよ。

mind

Do you mind?と聞かれたら、答える時には注意が必要

Do you mind closing the door? と聞かれて、Yes, I do. と答えると、
「はい、気にします・嫌です＝ドアを閉めたくない」という意味に。
「気にしない、閉めてもいい」と言いたい時はNo, I don't.で
「いいえ、気にしません。＝ドアを閉めてもいいですよ。」と表現。
その他、Not at all.（いいえ全く）、Of course not.（もちろん気にしません）もよく使う。
Yes / No で迷いたくなければ、Go ahead.（どうぞ）でもOK！

mindを使って英語に言い換えよう！

(1) 気にしないで。もう忘れて！

(2) A「このイス借りてもいいですか？」
B「構いませんよ」

(3) ご一緒してもいい？

(4) いい子にしてね。

(5) 気が変わったの。

(6) ドアを閉めてもらえませんか？

(7) どっちでもいいよ。あなたが決めて。

(8) ホームと電車の隙間に気をつけて。

(9) 差し支えなければ、その事故について教えてもらえませんか？

(10) A「何を悩んでいるの？」
B「いろいろ悩みがあるんだよ」

mindで作った英文をチェックしてみよう!

(1) **Never** mind. **Forget it!**

(2) **A : Can I use this chair?**
   B : I don't mind.
   ＊「構いません＝気にしません」と言い換え。相手から許可を求められて承諾する時に使える表現。

(3) **Do you** mind **if I join you?**
   ＊全文を「私があなたたちに加わるかどうかを気にしますか?」と言い換え。

(4) Mind **your manners.**
   ＊全文を「マナーを注意してね。」と言い換え。mannersは「礼儀、作法」の意味。

(5) **I changed my** mind.
   ＊全文を「自分の考えを変えた。」と言い換え。

(6) **Do you** mind **closing the door?**
   ＊全文を「ドアを閉めるのを嫌がりますか?」と言い換え。

(7) **I don't** mind. **You decide.**
   ＊「どっちでもいいよ＝私は(どちらでも)嫌だと思わない。」と言い換え。

(8) Mind **the gap.**
   ＊シンプルに全文を「隙間に気を付けて。」と言い換え。

(9) **If you don't** mind, **can you tell me about the accident?**
   「差し支えなければ＝もしあなたが気にならなければ」と言い換え。

(10) **A : What's on your** mind?
    B : I have a lot on my mind.
    ＊「何を悩んでいるの?＝あなたの心に何があるの?」と言い換え。I have a lot on my mind. で「心の中に多くを持っている＝悩みがある」という意味。

)) 057

29 pass

＼ ただ「渡す」だけじゃない ／
日常会話で使えるpassの用法

passの由来・語源

通過すること。物理的
に通過する（基準を
上回る・すれ違う）こ
と、時間的な通過（時
が経つこと）や心理
的な通過（遠慮するこ
と）も指す。

一緒に確認しておきたい関連単語

passage：通路
passenger：乗客

押さえておきたいpassが持つ意味

1. （試験など）に合格する
   I passed the exam. 試験に合格したよ。

2. 通過する、通り過ぎる
   The typhoon has passed. 台風が通過した。

3. ～を手渡す、(人)の手に渡る
   Pass me the paper. そこの紙取って。

4. (時が)経つ
   10 years have passed since we graduated university.
   大学を卒業して10年が経った。

5. 遠慮する、やめておく
   I'll pass this time. 今回は見送るわ。

passを使った頻出表現

❶ **pass away**：亡くなる
   My grandfather passed away when I was a child.
   祖父は私が子どもの頃に亡くなりました。
   ＊die (死ぬ) はダイレクトすぎるので、pass awayが好まれる。

❷ **pass by ～**：～を過ぎ去る、～のそばを通る
   I pass by the coffee shop on my way to my office.
   会社に行く途中に、コーヒーショップを通り過ぎます。

❸ **pass down ～**：～を受け継ぐ
   This house was passed down to him from his father.
   この家は、彼がお父さんから受け継いだものです。

❹ **pass out**
   A) ～を配布する
   We need to pass out the brochure. このパンフレット配らなきゃ。
   B) 気絶する、酔い潰れる
   She passed out! 彼女気絶しちゃった！

pass

passを使って英語に言い換えよう！

（1） やっと運転免許試験に合格したよ。

（2） 塩取って。

（3） 駅のあたりで君のお母さんとすれ違ったよ。

（4） 彼は父親からかなりの額の財産を受け取った。

（5） （人混みなどで）通してください。

（6） 有名な作家が昨日息を引き取った。

（7） 時が経つのはあっという間だね。

（8） 今回は遠慮しておこうと思います。

（9） この嵐はいつまで続くんだろう。

（10） ごめん、君の名前を見落としていたよ。

passで作った英文をチェックしてみよう！

(1) **I finally passed the driver's test.**
*finallyは「ついに、やっと」の意味。

(2) **Pass me the salt, please.**
*全文を「塩を私の方に手渡して。」と言い換え。Will you pass me the salt? でもOK。

(3) **I just passed your mom near the station.**
*「お母さんとすれ違った＝お母さんを通過した」と言い換え。

(4) **His father passed him a large fortune.**
*a large fortuneで「大きな財産」の意味。

(5) **Let me pass, please.**
*全文を「通すのを許可してください。」と言い換え。

(6) **A famous writer passed away yesterday.**

(7) **Time passes by so fast.**
*「あっという間だね＝とても速い」と言い換え。ちなみに「光陰矢の如し」はTime flies.

(8) **I think I'll pass this time.**
*「今回はやめておきます。」と、お誘いなどを断る時の表現。

(9) **When will this storm pass?**
*「いつまで続くんだろう＝いつ通過するのだろうか？」と言い換え

(10) **Sorry, I passed over your name.**
「名前を見落としていた＝名前を通り過ぎていた」と言い換え。

059

30 play

＼「遊ぶ」だけじゃない？／
奥が深い単語 play

play の由来・語源

「踊ること」が語源。気晴らしや娯楽のための活動をして楽しむという意味。

一緒に確認しておきたい関連単語

sport：スポーツをする

perform：〜を行う、演奏する

1. （スポーツ・ゲーム）をする
   I play tennis. 私はテニスをします。
   He likes to play video games.
   彼は（テレビ）ゲームをするのが好きです。
   ＊テレビゲームのことは video game と言う。

2. （楽器）を弾く、（音楽・曲が）流れる
   I play the piano. 私はピアノを弾きます。
   Healing music is playing. 癒し系の音楽が流れている。

3. 遊ぶ　※楽しみのために何かをすること
   I like to play with my dog. 犬と遊ぶのが好き。
   ＊子どもの頃の「遊ぶ」は play、大人になってからの「遊ぶ」は hang out。

4. ～を演じる、（劇・映画などが）上映される
   I play a major role. 主役を演じます。
   When is the movie playing? その映画はいつ上映されてるの?

5. （名詞で）劇
   I went to watch a play. 劇を観に行ったよ。

play を使った頻出表現

❶ **play a role**：役割を果たす
   He played an important role in the project.
   彼はそのプロジェクトで重要な役割を果たした。

playを使って英語に言い換えよう！

（1） ギターを弾くのが好きです。

（2） 息子は学校から帰ったら（テレビ）ゲームばっかりよ。

（3） 娘は滑り台で遊ぶのが好きなんです。

（4） その選手は今夜は（試合に）出場してないよ。

（5） 今晩の劇がとっても楽しみ！

（6） （劇などで）何の役だったの？

（7） この週末ゴルフに行くんだ。

（8） （子どもが）今日友達と遊んでもいい？

（9） この公園では野球はできないよ。

（10） トランプでもしない？

（11） スポーツはします？

playで作った英文をチェックしてみよう!

(1) **I like playing the guitar.**
   *楽器の前にはtheが付く。

(2) **My son always plays video games after school.**
   * after schoolは「放課後」のこと。

(3) **My daughter likes to play on the slide.**
   *滑り台はslide.

(4) **That player isn't playing in the game tonight.**
   *全文を「その選手は今夜のゲームでプレイをしない。」と言い換え。

(5) **I look forward to the play tonight!**
   * look forward to ~ で「~を楽しみにする」という意味。

(6) **Which part did you play?**
   *全文を「どの役を演じたの?」と言い換え。

(7) **I'm going to play golf this weekend.**
   *スポーツの名前にはaやtheは不要。「スポーツをする」と言いたい時にplayが使えるのは球技。

(8) **Can I play with my friend today?**
   * can I ~?で「~してもいい?」と許可を得る質問になる。play with ~ で「~と一緒に遊ぶ」

(9) **You can't play baseball in this park.**
   *日本語にはないが英文にする時は主語が必要。この場合はyou(もしくはwe, theyなど)を付け足す必要がある。

(10) **Do you want to play cards?**
   * do you want to ~?は「~しない?」と相手に行為を勧める表現。トランプはcards。

(11) **Do you play any sports?**
   *これもあなた= Youを主語にして、(スポーツを)する= playと動詞を置くと、文が作りやすい。

061

31 **put**

＼全部「置く」って訳すのもうやめて！／
自由自在に変化するputの使いこなし方

putの由来・語源

「置く」が元の意味。
物をどこかに置くだ
けでなく、「ある状態
を置く（状況を作る）」
「考えを置く（発す
る）」という意味にも
派生する。

一緒に確認しておきたい関連単語

bring：〜を持ってくる
place：〜を置く

押さえておきたい**put**が持つ意味

1. （物、人、物事など全て定まった場所に）〜を置く・設置する
   ※置くものによって訳は柔軟に変えよう

   Put the plate on the table. そのお皿、机の上に置いて。

   I want to put this picture on the wall. この絵を壁に飾りたいんだ。

   Put your name here. ここに名前を書いて。

   ＊「名前を置いて＝名前を書いて」の意味に。

2. ～を表現する、述べる
   I can't put it into words. 言葉で表現できないよ。

3. (プレッシャーや圧力など) をかける・押し付ける
   I'm putting too much pressure on you.
   あなたにプレッシャーかけすぎてるわね。

❶ **put down**：1) ～を下に置く　2) ～を書き留める
   I couldn't put down the book.
   この本（面白くて）読み出したら止まらなかった。
   ＊全文を「この本を下に置くことができなかった。」と言い換え。

❷ **put off** ～：～を延期する
   The meeting was put off. 会議は延期になった。
   ＊putの過去分詞はput。

❸ **put on** ～：～身に着ける
   Put your shoes on. 靴を履いて。

❹ **put through** ～：～に電話を繋ぐ
   Could you put me through to Tim?
   ティムに電話を繋いでくれますか？

❺ **put up with** ～：～に耐える
   I can't put up with him. もう彼には我慢できない。

❻ **stay put**：その場所にとどまる
   Just stay put. そのままそこにいて。
   ＊滞在を人や物事をある状態に置く時にも使える。

putを使って英語に言い換えよう!

(1)　(カレンダーに) 予定入れとくね!

(2)　日焼け止め塗った?

(3)　コーヒーにミルクは入れないです。

(4)　電話をお繋ぎしますね。

(5)　もうこの仕事、耐えられない。

(6)　上着、着た方がいいよ。

(7)　鞄、ここに降ろしたら?

(8)　私のせいにしないでよ。

(9)　遠足、雨で延期になっちゃったよ。

(10)　メイクしなきゃ!

(11)　お皿片付けて。

(12)　元あったところに戻してよ。

putで作った英文をチェックしてみよう！

(1) **I'll put it on my calendar.**
＊「カレンダーに予定を入れる＝カレンダーに予定を置く」と言い換え。

(2) **Did you put on sunscreen?**
＊「日焼け止めを塗る＝日焼け止めを身に着ける」と言い換え。

(3) **I don't put milk in my coffee.**
＊全文を「私はミルクをコーヒーの中に置かない。」と言い換え。日本語にはない主語「I」を忘れずに。

(4) **I'll put you through.**
＊「電話をつなぐ＝あなたに電話をつなぐ」と言い換え。英語では目的語も基本は入れる。

(5) **I can't put up with this work.**

(6) **You should put on your coat.**
この場合は、put onを「着る」としている。帽子、メガネ、手袋、靴、アクセサリー、名札など着けるものに合わせて日本語訳は変わる。

(7) **Put your bag down here.**
＊全文を「ここに鞄を下ろしなさい。」と言い換え。

(8) **Don't put the blame on me.**
＊「私のせいにする＝私に責任を置く」と言い換え。blameは「非難、責任」の意味。

(9) **The field trip was put off because of rain.**
＊field tripで「遠足」の意味。

(10) **I have to put on my makeup!**
＊「メイクをする＝メイクを身に着ける」と言い換え。makeup で「化粧」の意味。

(11) **Put the dishes away.**
＊put away ～で「～を片付ける」の意味。

(12) **Put it back where it was.**
＊put backで「～を戻す」の意味。「元あったところ＝それがあったところ」と言い換え。

063

32 run

＼走ってばかりじゃない！／
経済・政治関連にも使われる単語 run

runの由来・語源

「動く」が元の意味。
ある方に向かって物
事が継続的に動いて
いくことを意味する。

一緒に確認しておきたい関連単語

fly：飛ぶ、飛ぶように過ぎる
jog：ゆっくり走る

押さえておきたい**run**が持つ意味

1. 走る
   I had to run to work today.
   今日仕事に行くのに、走らなきゃいけなかった。

2. 流れる　※水などが流れるという意味
   My nose is running. 鼻水が出てる。

3. 〜を運営する・経営する
   My friend runs his own business. 友人は事業経営している。

4. 運行する
The train to the airport runs every day.
空港までの電車は毎日運行しています。

5. (機械など)を動かす、操作する
I don't know how to run this machine.
この機械どうやって動かしたらいいか分からないよ。

6. (遺伝して)受け継がれる
It runs in my family. 我が家の家系に受け継がれている。

7. (ストッキングなどの)伝線
I have a run in my stockings! ストッキング伝線しちゃった!

runを使った頻出表現

❶ run away:逃げる
He always runs away from her. 彼、彼女からいつも逃げてるんだ。

❷ run for ~:~に立候補する
Who is running for president this year?
今年大統領選に誰が立候補するんだろう?

❸ run into ~:~に偶然出会う、衝突する、(トラブル)に陥る
I often run into him. 彼とはよくバッタリ会う。

❹ run out of ~:~がなくなる
My phone ran out of power. 携帯の充電がなくなった。
＊ranはrunの過去形。

❺ run through ~:~を走り抜ける、~に目を通す
Could you run through this before the meeting?
これ、会議の前に目を通していただけますか?

runを使って英語に言い換えよう！

(1) 水出しっぱなしだよ！

(2) 彼がこのカフェのオーナーです。

(3) シャトルバスは毎日運行してるよ。

(4) 私の近所には小川が流れています。

(5) 私はスポーツが好きです。これは遺伝です。

(6) トラブルに直面しました。

(7) 息切れしてるよ。

(8) ミーティングに遅れます。

(9) バッテリー切れそう。

run

runで作った英文をチェックしてみよう！

(1) **The water is running.**
*全文を「水が流れたまま。」と言い換え。

(2) **He runs this cafe.**
*全文を「彼がこのカフェを経営しています。」と言い換え。

(3) **The shuttle bus runs every day.**

(4) **A stream runs through my neighborhood.**
* streamは「小川」の意味。

(5) **I like sports. It runs in my family.**
「これは遺伝です＝それは私の家族では受け継がれています」と言い換え。

(6) **I ran into trouble.**

(7) **I'm running out of breath.**
*「息切れ＝息がなくなる」と言い換え。

(8) **I'm running late to the meeting.**
* run lateで「遅れる」の意味。

(9) **My battery is running down.**
* run downで「（電池などが）切れる、（機械が）止まる」の意味。

065

33 | say

＼「言う」のは人間だけじゃない!? ／
幅広く使われる単語 "say"

sayの由来・語源

何かを言う、言葉で
表現すること。人間
だけではなく、物に
書かれている情報に
ついて表現する時も
使われる。

一緒に確認しておきたい関連単語

answer：〜に答える
saying：諺

押さえておきたい**say**が持つ意味

1. **〜を言う・表現する** ※考えなどを言葉を使って表現すること
   Could you say that again? もう一度言ってくれませんか？

2. **〜と書いてある・示している** ※看板・テレビなどが情報を伝えること
   The sign says no left turn. 標識には左折禁止って書いてあるよ。

3.〜を発音する

How do you say your last name?

あなたの名字、何って発音しますか？

❶ **say hello**：よろしく伝える、挨拶をする
I just came to say hello. ちょっと挨拶に来ただけです。

❷ **say to oneself**：〜と思う、心の中で考える
I said to myself, "That's not right!"
「それ違うよ！」って思ったんだよね。
＊saidはsayの過去形。

❸ **What do you say?**：あなたの意見は？、どう思う？
"What do you say?" "I like the blue dress, not the red one."
（ドレスを見ながら）「どう？」「青のドレスがいいわ、赤のじゃなくて。」

---

say, tell, speak, talkの違いは？

sayは「言葉を発する」の意味
※「話す」という行為そのものにフォーカスする時に使う
He said hello to me. 彼は私に挨拶をしてくれた。

tellは「人に何かを伝える」の意味
※「相手に何かを伝える」その相手と内容にフォーカスする時に使う
She told me an interesting story. 彼女は私に面白い話をしてくれた。

speakは「言葉になるような音を出す」の意味
※話し相手がいるかどうかを問わず、言葉を発すること
The teacher spoke about the history of art. 先生は、美術史について話した。

talkは「人と話し合う」の意味
※話し相手がいる場合で話すこと
We need to talk about it. 私たち、そのことについて話す必要があるわね。

sayを使って英語に言い換えよう！

（1）　ご家族によろしく伝えてね。

（2）　餃子って英語で何って言うの？

（3）　断るつもりよ。

（4）　そのTシャツ、何って書いてるの？

（5）　そんなふうに言ってもらえて嬉しいわ。

（6）　何って言えばいいか分からないわ。

（7）　天気予報によれば明日は雨みたいです。

（8）　私の時計ではもう10時過ぎよ。

（9）　少しご挨拶したくて。

（10）笑顔は健康にいいと言われているよ。

（11）話が違うじゃん。

sayで作った英文をチェックしてみよう！

(1) **Say hello** to your family.

(2) **How do you say "gyoza" in English?**
＊How do you say ～で「～はどう言うの？」は定番フレーズ。

(3) **I'm going to say no.**
＊「断る＝ no（いいえ）と言う」と言い換え。

(4) **What does the T-shirt say?**

(5) **Thank you for saying so.**
＊全文を「そう言ってくれてありがとう。」と言い換え。

(6) **I don't know what to say.**
＊全文を「何と言うべきか分からない。」と言い換え。what to sayは「何と言うべきか」という意味でよく使われる表現。返事に困った時に使える。

(7) **The weather forecast says it will rain tomorrow.**
＊全文を「天気予報が明日雨だと言っている。」と言い換え。

(8) **My watch says it's already past 10.**
＊全文を「私の時計が10時過ぎだと示している。」と言い換え。

(9) **I just wanted to say hello.**
＊全文を「ただ挨拶をしたくて。」と言い換え。

(10) **They say (that) smiling is good for your health.**
＊They say (that) ～で「～と言われている、～と噂されている」という意味。Theyの代わりにPeopleでもOK。直訳すると「彼ら（人々）が～と言っている」となる。

(11) **That's not what you said.**
＊全文を「それはあなたが言ったことではない。」と言い換え。

067

34 see

＼「会う」「見る」だけじゃない／
一歩進んだseeの使いこなし方

seeの由来・語源

「目でとらえる」から「姿を見かける」「出会う」「体験する」など。

一緒に確認しておきたい関連単語

view：〜を眺める
watch：〜を注意して眺める

1. **〜を見る** ※無意識的に姿を捉えること
   I see the sign. 看板が見えます。
   See? ほらね（言ったでしょ）？　＊「見てみなさい」の意味から。

2. **〜を確かめる** ※情報を得るために何かを見ること
   See for yourself. 自分で確かめてみな。

3. **〜を理解する、〜だと分かる**
   I see what you mean. おっしゃることは分かります。
   ＊「おっしゃること=あなたが意味していること」と言い換え。

4. **〜に会いに行く**
   I see my cousin every year. 私は毎年従兄弟に会いに行く。

5. **(医者) に診てもらう**
   I went to see a doctor. 私は医者に診てもらいに行きました。

6. **〜と付き合う**
   Are you seeing anyone? 付き合ってる人いる?

seeを使った頻出表現

❶ **see if**：〜かどうか確かめる
   I just wanted to see if you are OK.
   あなたが大丈夫か確認したかっただけ。

❷ **see off**：見送る
   I'm going to see her off. 彼女を見送ってくるわ。

see

195

seeを使って英語に言い換えよう!

(1) あなたも参加できるかどうか聞いてみよう。

(2) なるほど。

(3) またお会いできて嬉しいです。

(4) お先に失礼します。

(5) 様子を見よう。

(6) わからないの?

(7) 彼とまだ付き合ってるの?

(8) 後ほど!

(9) 久しぶり。

seeで作った英文をチェックしてみよう!

(1) **Let's see if you can join.**
　＊「〜かどうか聞く＝〜かどうか確かめる」と言い換え。

(2) **I see.**
　＊全文を「私は理解する。」と言い換え。

(3) **It's good to see you again.**
　＊goodは「好ましい」という意味も持つ。

(4) **See you tomorrow.**
　＊全文を「明日会いましょう。」と言い換え。先に帰るのが失礼という概念は、この表現にはない。

(5) **We'll see.**
　＊全文を「我々は確かめるつもりだ。」と言い換え。日本語にない主語が必要。ここでは"we"。

(6) **Can't you see?**

(7) **Are you still seeing him?**

(8) **See you soon!**
　＊全文を「すぐにあなたに会うよ!」と言い換え。

(9) **Long time no see.**
　＊全文を「長い間会ってない。」と言い換え。

069

35 seem

＼日本語訳を覚えないで！／
文章でうまく使いこなしたいseemの活用法

seemの由来・語源

「適している」が語源。そこから「似合う」→「〜に見える」に。

一緒に確認しておきたい関連単語

similar：似ている
look：〜のように見える

1. 〜という印象である、〜に見える、〜に思われる、〜な気がする ※誰か、何かに対しての印象を表現する

It seems like the restaurant is closed.

レストランは閉まっているようだ。

＊seemの後に名詞、もしくは文（主語＋動詞）が続く場合はlikeをつけてseem like 〜と表現する。

2. 〜だそうだ、〜らしい
※100％確信を持って言えないことに対しての自分の意見

There seems to be a problem. 問題がありそうだ。

It seems like it's over. 終わったみたいだね。

seemを使う時のポイント

日本語訳を意識しすぎると使いづらくなるので、seemは例文を読んで文章での使われ方を知るのが一番。例文にどんどん触れていって、seemの使い道の幅を広げていこう！

seem

seemを使って英語に言い換えよう！

(1) 彼女、優しそう。

(2) 疲れてそうだね。

(3) 無理でしょ。

(4) そうみたいだね。

(5) 難しそう。

(6) よさそうなところだね。

(7) 順調だね。

(8) 妥当だと思います。

(9) それ、私は怪しいと思うな。

(10) 彼、昨日は元気そうだったよ。

seem

seemで作った英文をチェックしてみよう！

(1) **She seems nice.**

(2) **You seem tired.**

(3) **It seems impossible.**
   ＊全文を「それは無理に思われる。」と言い換え。

(4) **Seems like it.**
   ＊全文を「そのように思える。」と表現。後ろに代名詞（it）が続くのでlikeが必要。

(5) **It seems difficult.**
   ＊「難しそう＝難しく思われる」と言い換え。

(6) **It seems like a nice place.**
   ＊全文を「そこはよい場所のように思えます。」と言い換え。

(7) **It seems like it's going well.**
   ＊全文を「それはうまくいってるみたいだ。」と言い換え。go well で「うまくいく」の意味。

(8) **It seems reasonable.**
   ＊reasonable は「値段がお手頃」以外に「妥当な」などの意味も持つ。

(9) **That seems fishy to me.**
   ＊fishyで「怪しい」という意味。

(10) **He seemed fine yesterday.**

071

36 set

＼「置く」だけじゃない／
いろんな場面で使える set の使い方

set の由来・語源

「決められた場所に置く」ことから、「準備する」「物事を定める」の意味に。

一緒に確認しておきたい関連単語

fix：（予定など）を決める
locate：〜を置く、設置する

1. （特定の場所に）〜を置く・配置する
   Why don't you set the sofa here? ここにソファを置くのはどう？

2. （時間・場所など）を決める
   Let's set the date. （予定の）日程を決めましょう。

3. （時計）を合わせる
   Did you set your alarm clock? 目覚まし時計セットした？

4. （食卓）を用意する
   Let's set the table for dinner. 夕食の準備をしましょう。
   ＊set the tableで「食卓を整える」の意味。食事に必要なお皿・カトラリー（スプーンやフォーク）をテーブルの上に置くこと。

5. （月や日が）沈む
   The sun is setting. 太陽が沈みかけてるよ。

❶ **set about** 〜：〜に取り掛かる
   He finally set about doing his homework.
   彼、やっと宿題に取り掛かったわ。

❷ **set up**：〜を新しく立ち上げる、準備する
   I'll set up a meeting tomorrow.
   明日のミーティングの段取りをしておきます。

set

setを使って英語に言い換えよう!

(1) テーブルの準備、お願いできる?

(2) アラームを毎朝6時にセットしてます。

(3) 新年の目標を立てた。

(4) 宿題に集中しなさい。

(5) 準備できた?

(6) 駅で降ろしてあげるよ。

(7) その仕事には明日取り掛かるよ。

(8) 旅行の日程、もう決めた?

set

setで作った英文をチェックしてみよう！

(1) **Could you set up the table?**

(2) **I set the alarm for 6 o'clock every morning.**
＊set the alarm for＋時間、でアラームの設定時間を表せる（at＋時間ではないので要注意！）。Please set the alarm for ～ で「～時にセットしておいて」として、人に頼むときも使える。

(3) **I set my New Year's goals.**
＊「目標を立てる＝目標を決める」と言い換え。

(4) **Set your mind to your homework.**
＊set one's mind to ～ で「～に集中する」の意味。

(5) **Are you all set?**
＊「これで全部ですか？」とレジの店員が客に聞く時にも使われる。

(6) **I can set you down at the station.**
＊set downで「（人・物）を下に置く・降ろす」の意味となる。

(7) **I'll set about doing the work tomorrow.**

(8) **Have you set a date for the trip?**
＊Have you ～？は「～はもうしましたか？」の意味となる。現在完了形で、このsetは過去分詞。

073

37 show

＼日本語の「ショー」だけじゃない／
押さえておきたい "show" の8つの意味

showの由来・語源

「示す」の意味。そのま
までは見えないものを
見せること。

一緒に確認しておきたい関連単語

display：〜を展示する
hide：〜を隠す

押さえておきたいshowが持つ意味

1. 〜を証明する、明らかにする
   Her drawing shows that she is talented.
   この絵を見たら彼女の才能が分かるよね。
   ＊全文を「彼女の絵が、彼女が才能があるのを証明している。」と言い換え。

2. 〜を見せる
   Show me your new bag. 新しい鞄見せてよ。

3. 目立つ
   My gray hair started to show.
   白髪が目立ち始めた。
   ＊「白髪」はwhite hairではなくgray hair。

4. ～に…を教える、案内する

Can you show me the way to the station?

駅までの道を教えてくれる？
＊地図や実際の道を指差して教えるイメージ。

5. （映画など）を上映する

This theater shows the latest movies.

この映画館では最新の映画を上映してるよ。
＊ the latestで「最新の」という意味。

6. （感謝・感情など）が表れる

Her eyes show that she really loves him.

彼女の目を見たら彼のことをすごく好きって分かるよね。
＊全文を「彼女の目が、彼女が彼を本当に好きであることを表している。」と言い換え。

7. ～を展示する、陳列する

Photos are shown in the gallery.

ギャラリーで写真が展示されている。
＊ shownはshowの過去分詞。

8. （名詞として）演劇、舞台、ショー、見せること

The show must go on. 最後までやらなきゃ。

＊全文を「その見せることは存続しなければならない。」と言い換え。go onで「存続する」の意味。「一度始めたものは最後までやり遂げなければならない」を意味する慣用句。

showを使った頻出表現

❶ **show off ～**：～を見せびらかす

She showed off her new smartphone.

彼女は新しいスマホを見せびらかした。

❷ **show up**：現れる

He finally showed up. 彼がついに現れた。

showを使って英語に言い換えよう!

(1) テストの結果で、彼が頭がいいのが分かるよね。

(2) どうやったらいいかお手本を見せて。

(3) 銀行への行き方教えてくれますか?

(4) 大阪を案内するね。

(5) 別のものを見せていただけますか?

(6) 来るの早いね!

(7) それの使い方を教えるね。

(8) (妊娠中に)お腹が目立ってきた。

(9) 彼、新しい車を見せびらかしたかっただけだね。

showで作った英文をチェックしてみよう！

(1) **The test results show that he is smart.**
*全文を「テストの結果が、彼が賢いことを証明している。」と言い換え。smart は「賢い」という意味。

(2) **Show me how to do it.**
*全文を「それのやり方を私に教えて。」と言い換え。

(3) **Could you show me the way to the bank?**
*全文を「銀行までの道を私に示してもらえますか？」と言い換え。

(4) **I'll show you around Osaka.**
*「大阪周辺をあなたに見せるね。」と言い換え。

(5) **Could you show me another one?**

(6) **You showed up early!**
*全文を「あなたは早く現れたね！」と言い換え。

(7) **I'll show you how to use it.**
*全文を「どのようにそれを使うか教えるつもりだ。」と言い換え。

(8) **My belly started to show.**
*bellyは「腹部」、start to 〜 は「〜し始める」の意味。

(9) **He just wanted to show off his new car.**
*justは「〜だけ」の意味。

075

38 sorry

＼知らなくてごめんなさい！／
知っておいてあげたいsorryの使いこなし

sorryの由来・語源

「心が痛む」という意味から、「気の毒に思う」「申し訳なく思う」などの
感情が含まれる。

一緒に確認しておきたい関連単語

sad：悲しい
unhappy：不幸せな

押さえておきたい**sorry**が持つ意味

1. 気の毒に思う
   I'm sorry to hear about your accident.
   事故のこと、気の毒でしたね。

2. 申し訳なく思う
   I'm sorry to trouble you. ご迷惑おかけして申し訳ありません。
   ＊troubleで「～に迷惑をかける」の意味。

   I'm sorry for the inconvenience.
   ご不便おかけして申し訳ございません。
   ＊inconvenienceで「不便、迷惑」の意味。

3. 後悔する
   I'm sorry I said that to you. あなたに言うんじゃなかった。

sorryを使って英語に言い換えよう！

(1) 遅れてごめんなさい。

(2) すみません、話がわからなくなりました。

(3) 後悔すると思うよ。

(4) 彼がかわいそう。

(5) お悔やみ申し上げます。

(6) お手数をおかけします。

(7) 絶対後悔させないから！

(8) 申し訳ないですが、それはできません。

(9) それは残念だったね。

(10) 何て言いました？

sorryで作った英文をチェックしてみよう!

(1) I'm sorry I'm late.

(2) I'm sorry, I'm lost.

＊「話についていけない＝(話に) 迷いました」と言い換え。相手の言っていることが
理解できずに話についていけなくなった時に使える表現。

(3) You'll be sorry.

＊日本語にはなかった主語にYouを設定。

(4) I feel sorry for him.

＊全文を「彼のことを気の毒に思う。」と言い換え。

(5) I'm sorry for your loss.

＊全文を「あなたが亡くした方に対して気の毒に思う。」と言い換え。lossは「失ったも
の (亡くなった家族やペット)」という意味。

(6) I'm sorry to bother you.

＊「お手数をかける＝迷惑をかける」と言い換え。botherは「〜の邪魔をする、〜に
迷惑をかける」という意味。話を遮る時、何かを中断させる時にも使える。

(7) You won't be sorry!

＊全文を「あなたは後悔しないだろう。」と言い換え。won't＝will notの省略形。You
will be sorry.なら「絶対後悔するよ」の意味になる。

(8) I'm sorry, but I can't do it.

＊ I'm sorry but 〜で「申し訳ないが〜」となり、よく使われる表現。

(9) I'm sorry to hear that.

＊全文を「それを聞いて気の毒に思う。」と言い換え。相手の失敗や大変な出来事に
対しての返答で幅広く使えるフレーズ。

(10) I'm sorry?

＊ "Pardon?" "Excuse me?"と同じように使う。相手の言ったことが聞き取れない時に
聞き返すのに、とてもよく使われる言い方。

077

39 stay

\「ステイする」ってばかり訳さないで!/
stayの3つの使いこなし方

stayの由来・語源

「しっかり立つ」が元の意味。そこからその場所や状態にとどまっている
ことを表す。

一緒に確認しておきたい関連単語

stand：立つ
remain：残る

1. 場所にとどまる
   Stay **there**. そこにいてね。

2. ある状態・状況のままでいる
   She tried to stay **calm.** 彼女は平静を保とうとした。

3. 滞在する ※一時的にその場所にいること
   How long are you staying? どのくらい滞在する予定ですか？

stayを使った頻出表現

❶ **stay away from ～**：～から距離を置く、～をやめる
   Stay away from **this area.** この地域に立ち入らないで。

❷ **stay up late**：夜更かしをする
   I stayed up late **watching** *YouTube*.
   *YouTube*を見て夜更かしをしていた。

stay

078

stayを使って英語に言い換えよう！

(1) 今日は家にいたほうがいいよ。

(2) （外国人観光客の方に向けて）よい滞在を！

(3) 今日は一日寝ていたほうがいいよ。

(4) 私に近づかないで。

(5) 気を付けて元気でね。また会おう！

(6) 今は仕事に集中しよう。

(7) 長時間ずっと立ちっぱなしだった。

(8) 昨夜は夜更かししちゃった。

(9) 彼女は今週東京のホテルに滞在しています。

(10) この夏はずっと蒸し暑かった。

stayで作った英文をチェックしてみよう!

(1) **You should stay home today.**

＊shouldは基本的な助動詞で、「～すべき」「～したほうがいい」の意味。

(2) **Have a wonderful stay!**

＊この場合のstayは名詞で「滞在」の意味。wonderfulの代わりにもnice（素敵な）、safe（安全な）、good（よい）など入れ替えて使える。

(3) **You should stay in bed all day.**

＊「寝る＝ベッドにいる」と言い換え。all dayは「一日中」という意味。

(4) **Stay away from me.**

＊全文を「私から離れて。」と言い換え。meの代わりにit、fire、snake（蛇）など危険なものなどを入れて使える。

(5) **Stay safe and stay healthy. See you soon!**

＊「気を付けて元気で＝安全で健康なままでいてね」と言い換え。Take care.と同じように使える表現。

(6) **Let's stay focused on our task now.**

＊全文を「仕事に集中しよう＝仕事に集中した状態のままでいよう。」と言い換え。stay focused on ～で「～に集中する」はよく使う表現。taskの他に、homework（宿題）、assignment（課題）、problem（問題）なども使える。

(7) **I stayed standing for a long time.**

＊「立ちっぱなし＝立ったままの状態」と言い換え。stay ～ ingは「～するままでいる」の意味。

(8) **I stayed up late last night.**

＊stay up all nightなら「徹夜をする」。

(9) **She is staying at a hotel in Tokyo this week.**

＊stay at 場所で「～に滞在している」となるが、stay with人で「人の家に滞在している」という表現もできる。

(10) **It stayed hot and humid this summer.**

＊「ずっと蒸し暑かった＝暑くて蒸した状態だった」と言い換え。humidは「湿った」という意味。

079

40 speak

＼語源を知るともっと使いこなしやすい／
奥が深いspeakの使いこなし方

speakの由来・語源

音を出すこと。相手に言葉を伝えるというよりは、言葉を発することを
表現している単語。

一緒に確認しておきたい関連単語

chat：おしゃべりする

communicate：〜を伝える

1. （人と）話をする
   I'll **speak** to my family about the plan for the trip.
   旅行の計画について家族に話すわ。

2. （言語）を話す
   She can **speak** English fluently. 彼女、英語を流暢に話せるのよ。

3. 講演・演説をする
   Surprisingly, the critic spoke for six hours.
   驚くべきことに、その批評家は6時間講演をした。

4. （意見・思想）を伝える
   He finally **spoke** the truth. 彼はついに真実を話した。

speakを使った頻出表現

❶ **speak of the devil**：噂をすれば
   ＊"Speak of the devil and he will appear."（悪魔の話をすると悪魔が現れる）ということわざに由来するイディオムで「噂をすれば」という意味。
   Speak of the devil... here he comes. 噂をすれば…、彼が来たわよ。

❷ **speaking of ～**：～といえば
   Speaking of cafes, did you go to that new cafe near the station?
   カフェといえば、駅の近くにできたあの新しいカフェ行った？

❸ **speak up**：はっきり言う、遠慮なく言う
   Please speak up if you have any ideas.
   もし意見があれば遠慮なく言ってください。

speak

speakを使って英語に言い換えよう!

(1) (電話で) Tomと代わってもらえる?

(2) (電話で) 田中です。

(3) もっと大きな声で話してもらえますか?

(4) 彼の英語はイギリスなまりだ。

(5) 英語で話そうよ!

(6) その問題について先生に話すべきだよ。

(7) もっと英語がうまく話せたらなあ。

(8) 私、人前で話すのが苦手なんだ。

(9) ケイコといえば、彼女が昇進したって知ってる?

(10) 一般的には、この地域は冬が結構寒い。

speakで作った英文をチェックしてみよう！

(1) **May I speak to Tom, please?**
＊全文を「Tomと話して構いませんか？」と言い換え。電話でよく使う表現。

(2) **This is Mr. Tanaka speaking.**
＊電話だからこその言い方で、「田中が話しています。」と言い換え。これも電話で使う決まり文句。

(3) **Could you speak louder, please?**
＊loudは「大声で」の意味。「もっと大きな声で」というのを、比較を使って（louder）と表現。

(4) **He speaks with a British accent.**
＊全文を「イギリスなまりだ＝イギリスのアクセントで話す」と言い換え。

(5) **Let's speak in English!**

(6) **You should speak to your teacher about the problem.**

(7) **I wish I could speak English better.**
＊「I wish I could 動詞の原形」もよく使う表現で「〜できたらいいのにな」という意味。

(8) **I'm not good at speaking in public.**
＊「苦手」は「上手じゃない（be not good at 〜）」と表現。「人前で話す＝公共の場で話す」と言い換え。

(9) **Speaking of Keiko, did you know she got promoted?**
＊speaking of 〜（〜といえば）は、話の切り替えの時によく使われる。get promotedで「昇進する」という意味。

(10) **Generally speaking, this area is pretty cold in winter.**
＊Generally speaking で「一般的に言って」という意味。フォーマルな場面で使われることが多い。

英検準1級を取得したら、
ぜひやってみてほしいこと

3ヶ月のカナダ留学を経て日本に帰国した後は、カナダでの学びを無駄にしたくない！という気持ちから、日本で貪欲に英語を話す機会を探していました。その時に私がやったことの一つが「通訳ボランティア」。

京都に住んでいた私は、市の通訳ボランティアに申し込み、そこで通訳を経験。ボランティアでも当然責任が発生するので、その日に向けて必死に準備・勉強をしたことで、さらに英語力を伸ばすことができました。

この通訳ボランティアは募集している県が多いです（詳しくは各県や市のサイトなどで検索してみてください）。この通訳も含めて英検準1級以上を持っていることで、できることの幅も広がります。英検準1級を保有している方は、ぜひチャレンジしてみてください。

日本にいても自分の行動次第で、いくらでも英語を使う機会は作れます。

ちなみに私が経験した中で大きなチャレンジだったのは、学生さん向けのカナダ留学フェアでの通訳と、海外から来られた陶芸家の方が行う授業の通訳。

留学フェアは、私自身カナダに行った経験もあり馴染みがある言葉が多く、何とか通訳することができました。しかし陶芸家の方の通訳は、そもそも陶芸に関する知識がなかったのでとても苦戦しました。もちろん事前に準備はしていたものの、当日急に出てきた言葉にうまく対応できず大失態。帰りのバスの中で、悔しさのあまり泣いたのを今でも覚えています。

その時痛感したこと。それは、通訳の仕事ってただ英語ができればいいってわけでなく、通訳する内容に関しての知識が必要だということ。過去、海外の友人に言われた「真の国際人は自国の文化を英語で語れる人だ」という言葉が身に染みた瞬間でした。

本書の第2章で「英語が話せない原因は英語力ではなく日本語力」、そうお伝えしましたが、日本語力だけでなく、日本の文化や日本で今起こっていることなどをまず知っておくことが大切ですよね。

41 take

＼「取る」だけじゃない！／
奥が深いtakeの使いこなし11パターン

takeの由来・語源

「つかむ」が元の意味。そこから場面に応じて、例えば次のように派生した意味を持つ。「物をつかむ→物を移動させる」「頭の中で知識をつかむ→理解する」「時間をつかむ→時間がかかる」。

take

一緒に確認しておきたい関連単語

accept：〜を受け入れる、見なす
grab：〜をひっつかむ

1. （物や人をある場所からある場所へ）
   〜を持っていく・連れていく
   Take **your umbrella with you.** 傘を持って行ってね。
   I have to take **my daughter to her English lesson.**
   娘を英語教室に連れて行かなきゃ。

2. （時間）**がかかる**
   It takes **a long time to get there.** そこに行くには時間がかかるよ。
   Take **your time.** ごゆっくり。
   ＊全文を「あなたの時間をかけてください。」と言い換え。

3. （写真）**を撮る**
   I like taking **pictures of cats.** 猫の写真を撮るのが好きなんだ。

4. （交通手段）**を利用する**
   I always take **the bus to go to the zoo.**
   動物園にはいつもバスで行くよ。

5. （食べ物）**を食べる、（飲み物や薬）を飲む**
   Did you take **your medicine?** 薬飲んだ？

6. （場所）**を取る**
   Is this seat taken? この席空いてますか？
   ＊全文を「この席は（誰かに）取られてますか？」と言い換え。

7. （授業など）**を取る、（試験）を受ける**
   I have started taking **English lessons.**
   英語の授業を受け始めたんだ。

8. （誰か・何か）**を（次のレベルに）到達させる**
   The experience took **me to the next level.**
   その経験で私は一回り成長しました。
   ＊全文を「その経験が私を次のレベルへ到達させた。」と言い換え。

9. 〜選ぶ、買う

I'll take two of each. これ2つずつください。

＊「私はこれらを2つ買うつもりだ。」と言い換え。

10. (リスクやチャンス・責任) を取る、(機会やアドバイス) を受け入れる

I'll take responsibility for it. それについては私が責任を取ります。

＊全文を「私はそれに対する責任を取ります。」と言い換え。

11. (後ろに動作を表す名詞を置いて) 〜をする

Let's take a break. 休憩しよう。

I'll take a shower. シャワーを浴びてくるわ。

takeを使った頻出表現

❶ **take it**：我慢する

I can't take it any more. もう我慢できない。

❷ **take it easy**：気楽にいく

Take it easy. 気楽にいこうよ。

❸ **take off**：1) (靴や洋服) を脱ぐ　2) 離陸する

You have to take off your shoes here. ここでは靴を脱がなきゃ。

❹ **take up**：〜を取り上げる、(趣味など) を始める

I took up tennis. テニスを始めたんだ。

take

takeを使って英語に言い換えよう!

(1) これにするわ。

(2) 駅までタクシーで行くわ。

(3) ゆっくり考えて決めてね。

(4) 一か八かやってみるよ。

(5) あなたのアドバイスに従うわ。

(6) そう長くはかからないよ。

(7) 誤解しないでね。

(8) 今年はジョギングを始めたいな。

(9) これかなり手間がかかるんだよね。

(10) この電車は渋谷行きです。

(11) いつも長風呂です。

(12) ゴミ出ししなきゃ!

takeで作った英文をチェックしてみよう！

(1) I'll take it.
　　＊全文を「私はこれを選択するつもりだ。」と言い換え。日本語にはない主語 I を付けて文章を作る。

(2) I'll take a taxi to the station.

(3) Take your time with your decision.
　　＊全文を「あなたの決断に時間をかけてね。」と言い換え。「急がなくて大丈夫、気を付けてね」という時にも、この take your time は使える。

(4) I'll take a risk.
　　＊全文を「リスクをとってみる。」と言い換え。

(5) I'll take your advice.
　　＊全文を「私はアドバイスを受け入れるつもりだ。」と言い換え。

(6) It won't take long.
　　＊全文を「それは長くはかからない。」と言い換え。「It takes＋時間」で「時間がかかる」はよく使う表現。

(7) Don't take it the wrong way.
　　＊全文を「間違って受け取らないで。」と言い換え。

(8) I want to take up jogging this year.

(9) It takes a lot of time.
　　＊全文を「それは多くの時間がかかります。」と言い換え。

(10) This train will take us to Shibuya.
　　＊全文を「この電車は私たちを渋谷へ連れていく。」と言い換え。

(11) I usually take a long bath.
　　＊「長風呂＝長いお風呂の時間をかける」と言い換え。take a bath で「お風呂に入る」の意味。

(12) I have to take out the trash!
　　＊ take out で「外へ持っていく＝排除する」という意味。「ゴミ出し」は take out the trash と表現できる。I と主語をつけて文を作ると分かりやすい。

083

42 talk

＼ ただ話すだけじゃない!?／
会話を深めるtalkの使いこなし

talkの由来・語源

「しゃべること」が元の意味。話す内容よりも「話す」という行為自体を
指す。

一緒に確認しておきたい関連単語

似たものとしてはsay、speak、tell
がある。各々の違いはp191にて。

1. 話す、しゃべる
   I talked **with my friend.** 友達とおしゃべりした。

2. 噂話をする
   We were just talking **about you.**
   ちょうど今、あなたのこと話していたところよ。

3. 相談する
   I talked **with my friends about the trip to Osaka.**
   大阪旅行について友達と相談した。

4. (名詞で) 会談、講演
   She gave a talk **about education.**
   彼女は教育について講演をしていたよ。
   ＊「講演をする＝講演を提供する」と言い換え。

5. (電話で) 話す
   He talked **to her on the phone.** 彼は彼女と電話で話した。

talk を使った頻出表現

❶ **talk 人 into ～**：(人) を説得して～させる
   I talked **him into quitting his job.**
   彼を説得して仕事を辞めさせた。

talkを使って英語に言い換えよう!

(1) 自己紹介してください。

(2) だから言ったでしょ?

(3) 彼、口先だけの人だよね。

(4) 何話してるの?

(5) 彼女に相談してみよう。

(6) 今お話ししても構いませんか?

(7) 妻を説得して (テレビ) ゲームを買わせた。

(8) 彼について同僚たちが噂してたわよ。

(9) 明後日の講演を見逃さないでね!

(10) 彼女のお父さんと電話で話したよ。

talkで作った英文をチェックしてみよう！

(1) **Please talk about yourself.**
＊「自己紹介＝自分自身について話す」と言い換え。

(2) **That's what I was talking about.**
＊全文を「それは私が言っていたことです。」と言い換え。誰かを注意する時に使うセリフ。またそのような状況以外にも、「そう来なくっちゃ！＝まさにそれを言おうとしてた！」と、物事が思い通りに進んだ時にも使う表現。

(3) **He is just a big talker.**
＊「口先だけの人＝大きく（大袈裟に）話す人」と言い換え。justで「ただの」という意味。

(4) **What are you talking about?**
＊全文を「あなたは何について話してるの？」と言い換え。日本語にない主語「あなたは」から考えると、文が組み立てやすい。

(5) **Let's talk to her.**

(6) **Is this a good time to talk?**
＊全文を「ここは、お話ししてもいい時間ですか？」と言い換え。

(7) **I talked my wife into buying a video game.**

(8) **His coworkers were talking about him.**
＊coworkerで「同僚」という意味。

(9) **Don't miss the talk the day after tomorrow!**
＊the day after tomorrowで「明後日」という意味。

(10) **I talked to her father on the phone.**
＊on the phoneで、「電話で」という意味。

085

43 tell

＼「話す、伝える」だけじゃない／
うまく使いこなしたいtellの用法

tellの由来・語源

「物語る」が元の意味。そこから「伝える」という意味に。話す内容に重きを置いている言葉。

一緒に確認しておきたい関連単語

advise：〜に忠告する・知らせる

announce：〜を発表する、知らせる

say、speak、talkとの違いはp191。

1. ～に話す、伝える、教える
   Tell me how to do it. どうすればいいか教えて。

2. ～に命令する
   I'm telling you to stop pushing.
   押すのはやめなさいと言ってるでしょう。

3. わかる　※簡単に分かる・区別がつく
   I can tell. 見ればわかるよ。

tellを使った頻出表現

❶ **tell a lie**：嘘をつく
   Never tell lies! もう嘘はつかないで!

❷ **to tell the truth**：実を言うと
   To tell the truth, I'm going to quit my job.
   実を言うと仕事を辞めるの。

tell

tellを使って英語に言い換えよう!

(1) 何があったの?

(2) 後でね。(話を後回しにする時)

(3) 彼は兄と見分けがつかない。

(4) どう思う?

(5) じゃあこうしよう!

(6) 彼から何も聞いていないわ。

(7) 誰にも分からないよ。

(8) 本当のことを教えてくれ。

(9) 彼はよく嘘をつくんだよね。

(10) 渋谷駅までの道を教えてください。

tellで作った英文をチェックしてみよう！

(1) **Tell me what happened.**

＊全文を「何が起こったか教えて。」と言い換え。Would youを付けると丁寧な表現になる。Would you tell me what time it is?（今何時か教えていただけませんか？）

(2) **I'll tell you later.**

＊全文を「後で話すね。」と言い換え。日本語にはない「私」という主語 I を付ける。

(3) **I can't tell him from his brother.**

＊「彼の兄からわかる＝彼の兄と区別がつく」ということから、tell A from Bで「AとBを見分ける」の意味。

(4) **Tell me what you think.**

＊全文を「どう思うか教えて。」と言い換え。

(5) **I'll tell you what!**

＊全文を「私があなたに何をするか伝えるね！」と言い換え。何かを提案する時に使える表現。

(6) **He didn't tell me about that.**

＊全文を「彼は私にそのことについて言わなかった。」と言い換え。

(7) **Nobody can tell.**

(8) **Please tell me the truth.**

＊全文を「真実を私に教えて。」と言い換え。日本語ではない「私に」のmeをお忘れなく。

(9) **He often tells lies.**

(10) **Could you tell me the way to Shibuya Station?**

＊「渋谷駅までの行き方を私に教えてもらえますか？」と言い換え。the way to ～ で「～までの道」の意味。

087

44 think

＼「考える」だけじゃもったいない／
想いを伝えるthinkの用法

thinkの由来・語源

「〜のように見える」が元の意味。そこから「思う」「考える」の意味が
生まれた。

一緒に確認しておきたい関連単語

suppose：確信はないが〜だと思う
guess：推測する

1. ～と考える・思う　※何かに対して明確な考えや意見を持っていること
   I think so. そうだと思うよ。

2. ～するつもりだ
   We're thinking of visiting our grandfathers.
   おじいちゃんたちを訪ねるつもりだよ。

3. ～を思い出す
   She thinks of him every day.
   彼女は彼のことを毎日思い出しているよ。

thinkを使った頻出表現

❶ **think about ～** : ～のことを考える
   What are you thinking about? 何を考えてるの？

❷ **think over** : ～を検討する・よく考える
   You should think it over. よく考えたほうがいいよ。

think

thinkを使って英語に言い換えよう!

(1) 転職を考えているところです。

(2) どう思う?

(3) こっちのほうがいい。

(4) 彼から電話をかけたはずだけど。

(5) まだ迷ってるんだよね。

(6) 思い出せないなあ。

(7) ちょっと考えてみてよ。

(8) 考えさせて。

(9) 私の考えは違うわ。

(10) そうは思わないわ。

thinkで作った英文をチェックしてみよう！

(1) I'm thinking about changing jobs.

(2) What do you think?
> ＊全文を「何を考えているの？」と言い換え。相手の意見を求める時に使える表現。

(3) I think this is better.
> ＊全文を「私はこちらのほうがよりよいと思う。」と言い換え。日本語にはない主語Ⅰと動詞 thinkを付けることで英訳できる。

(4) I think he called you.
> ＊全文を「彼があなたに電話をかけたと思う。」と言い換え。

(5) I'm still thinking.
> ＊全文を「まだ考えている。」と言い換え。

(6) I can't think of it.
> ＊主語Ⅰと目的語itを英語では入れる。

(7) Well, think about it.
> ＊wellで「まあ」「ちょっと」という意味。

(8) Let me think.

(9) That is what you think.
> ＊全文を「それはあなたが考えたこと。」と言い換え。

(10) I don't think so.
> ＊全文を「私はそう考えない。」と言い換え。

089

45 turn

＼「曲がる」だけじゃもったいない／
押さえておきたい「turnの5つの意味」

turnの由来・語源

「回して向きを変える」という意味。

一緒に確認しておきたい関連単語

spin：回転する、〜を急回転させる
change：〜を変える、変わる

押さえておきたいturnが持つ意味

1. (身体などを) 回転させる
   Turn around. あっち向いて。

2. 曲がる

We have to turn left at the next corner.

私たち、次の角で左に曲がらないといけないよ。

3. (ページを) めくる

Please turn to the next page.

ページをめくってください。

4. 〜になる、(色や味が) 変わる

※ turn + 名詞で状態の変化を表すことができる

The leaves are turning red. 葉っぱが赤くなってきています。

5. (名詞として) 番・順

It's your turn to succeed. 次はあなたが成功する番だよ。

＊「成功へのあなたの番です。」と言い換え。

turnを使った頻出表現

❶ **turn down 〜**：〜を拒絶する・下げる

I'll turn down his offer. 彼からの申し出を断わるわ。

Could you turn down the volume? ボリューム下げてもらえますか？

＊ turn upで「(音量・空調などのボリューム) を上げる」。

❷ **turn in 〜**：〜を提出する

I need to turn in my paper by Monday.

月曜日までにレポートを提出しなきゃ。

❸ **turn on 〜**：〜をつける／ **turn off**：〜を消す

Can you turn off the light? 電気を消してもらえます？

❹ **turn out 〜**：〜だとわかる、〜という結果になる

He turned out to be married! 彼、既婚者だったのよ！

turnを使って英語に言い換えよう！

（1）　来年20歳になります。

（2）　紅葉が始まったね。

（3）　こっちを向いてください。

（4）　次は私の番ね！

（5）　次の角を右に曲がってください。

（6）　青信号になったよ。

（7）　エアコンをつけてもらえますか？

（8）　報告書、来週までに提出しなきゃ！

（9）　彼女、ご近所さんだったんですよ。

（10）髪の毛、とってもいい色になったよ。

（11）交代でやりましょう。

turnで作った英文をチェックしてみよう！

(1) **I'm turning twenty next year.**
　＊年齢を重ねる時にturnが使える。

(2) **The leaves began to turn red.**
　＊全文を「葉っぱが赤色に変わり始めた。」と言い換え。

(3) **Please turn around.**
　＊全文を「（こちら側に）回ってください。」と言い換え。

(4) **It's my turn!**
　＊全文を「私の順番です！」と言い換え。

(5) **Please turn right at the next corner.**

(6) **The traffic light turned green.**
　＊「信号機」はtraffic light、「青信号」は green lightと表現する。

(7) **Could you turn on the air conditioner?**
　＊air conditionerで「エアコン」という意味。

(8) **I need to turn in my report by next week!**
　＊byは「〜までに」という期限を表す時に使う。

(9) **She turned out to be my neighbor.**
　＊全文を「彼女が隣人だとわかった。」と言い換え。neighborは「近所、近所の人」。

(10) **My hair color turned out very nice.**
　＊全文を「髪色がとても素敵という結果になった。」と言い換え。

(11) **We can take turns.**
　＊「交代でやる＝順番でする」と言い換え。take turnsで「交代する」を意味する頻出表現。

091

46 try

\ チャレンジする時に使いたい！/
表現の幅を広げるtryの用法

tryの由来・語源

元々は「ふるいにかける」の意味。そこから「裁判にかける」「試してみる」の意味も生まれた。

一緒に確認しておきたい関連単語

work：取り組む
struggle：もがく、努力する

1. 努力する

I tried. やってみました。

*努力はしてみたけどダメだったという状況を表現する。

2. (能力など) を試してみる

Let's try out the new speaker. 新しいスピーカーを試してみよう。

*人の能力やものの性能について話す時に使える。

3. ～を試しにやってみる

Just try it. とりあえず食べてみてよ。

*新しいものを試すときには、食べ物でなくても使用可能。

tryを使った頻出表現

❶ **try not to ～**：～しないようにする

I'll try not to make her angry. もう彼女を怒らせないようにするよ。

❷ **try on ～**：～を試着する

Can I try it on? 試着してもいいですか？

tryを使って英語に言い換えよう!

(1) あの新しくできたレストランに行ってみたいな。

(2) わかってるよ!

(3) 頑張ってみるよ。

(4) とにかく着てみてよ!

(5) もう1回リベンジしよう!

(6) 二度と遅れないようにします。

(7) でも頑張ったじゃん。

(8) まだ納豆を食べてみたことないんだ。

(9) こんなふうにやってみて。

(10) 頑張ったね!

tryで作った英文をチェックしてみよう!

(1) **I want to try that new restaurant.**
   ＊全文を「新しいレストラン(の料理)を試してみたい。」と言い換え。

(2) **I'm trying!**
   ＊全文を「努力してるよ!」と言い換え。tryを進行形にして「今現在、努力してやっている状態」を表現。

(3) **I'll try.**
   ＊全文を「試しにやってみるつもり。」と言い換え。

(4) **Just try it on!**
   ＊justは「とにかく」の意味。

(5) **Let's try again!**
   ＊全文を「もう一度試してみよう!」と言い換え。リベンジrevengeは英語では「報復」の意味になってしまう。

(6) **I'll try not to be late again.**
   ＊全文を「二度と＝再び」と言い換え。

(7) **At least you tried.**
   ＊全文を「少なくとも、あなたは努力した。」と言い換え。結果としてはよくなかったけど、頑張りは認めてあげたい時に使える。at leastで「少なくとも」という意味。

(8) **I have never tried natto.**
   ＊全文を「これまで納豆を試したことない。」と言い換え。

(9) **Try it this way.**
   ＊全文を「この方法で試してみて。」と言い換え。

(10) **Good try!**
   ＊「よいチャレンジだったね!」と言い換え。このtryは名詞で「チャレンジ」という意味。失敗してしまったが、挑戦したこと自体を褒めるようなニュアンス。

)) 093

47 use

＼会話の幅を一気に広げる／
useの4つの使い方

useの由来・語源

「使う」が語源。そこから「いろいろな物を使う」そして「利用する」と意味が広がっていった。

一緒に確認しておきたい関連単語

useful：役立つ　※ use (使い道) が full (いっぱい) →役に立つ

Tablets are very useful. タブレットはとても役に立ちます。

useless：使い物にならない
※ use (使い道) が less (少ない) →役立たず、使い物にならない

I would be useless on the project.
私、そのプロジェクトではお役に立てないと思います。

押さえておきたいuseが持つ意味

1. ～を使う

   What do you use it for? それ、何に使うんですか?

   Everyone can use this library. この図書館は誰でも利用できるよ。

2. ～を消費する

This car uses a lot of gasoline. この車、燃費が悪い。

＊「燃費が悪い＝たくさんのガソリンを消費する」と言い換え。

3. ～を利用する

I think he is just using me. 彼は私を利用しているだけだと思う。

4. （名詞で）用途、使い道

There are a lot of uses for it. 使い道がたくさんあります。

useを使った頻出表現

❶ **used to ～**：かつて～したものだった（昔の習慣）、昔は～だった

I used to live in the US. 昔はアメリカに住んでいました。

❷ **make use of ～**：～を利用する

You should make use of this chance.

この機会を利用したほうがいいよ。

borrow, rent, useの違いは？

どれも「借りる」の意味があるが、借りるもので使い分けが必要。

borrowは無料で持ち運びできる物を借りること

Can I borrow your book? 本借りてもいい？

rentは部屋・車などを有料で借りること

I rented a car. レンタカーを借りた。

useはトイレ・お風呂などその場で使う物を借りること

Can I use the bathroom? お手洗い借りてもいいですか？

useを使って英語に言い換えよう!

(1) トリートメントしていますか?

(2) 普段使いの鞄を探してるの。

(3) シャワー借りてもいい?

(4) 普段なかなか英語を使いません。

(5) 私の充電器を使っていいよ。

(6) これが何に使うものなのかわからない。

(7) 以前はよく運動していたんだ。

(8) 昔はその歌手が大好きだったんだ。

(9) 最近は便利なものがたくさんありますね。

(10) カード決済をしたほうがいいよ。

useで作った英文をチェックしてみよう！

(1) **Do you use hair treatment?**

＊全文を「ヘアトリートメントを使ってる？」と言い換え。

(2) **I'm looking for a bag for everyday use.**

＊全文を「毎日の使用のための鞄を探している。」と言い換え。このuseは名詞で「使用」の意味。

(3) **Can I use the shower?**

＊全文を「シャワー使ってもいい？」と言い換え。

(4) **I don't get to use English.**

＊全文を「英語を使う機会がない。」と言い換え。get to 〜 で「〜する機会がある」という意味。

(5) **You can use my charger.**

＊全文を「あなたは私の充電器を使うことができる。」と言い換え。日本語にはない主語を忘れずに。chargerは「充電器」。

(6) **I don't know what this thing is used for.**

＊全文を「この物が何のために使われるか、私にはわからない。」と言い換え。

(7) **I used to work out a lot.**

＊ work outの意味は「運動する」。

(8) **I used to love that singer.**

(9) **There are so many useful things these days.**

＊ these days の意味は「最近」。

(10) **You should use a credit card to pay.**

＊「カード決済をする＝クレジットカードを使う」と言い換え。

095

48 want

\ 訳し方は「〜したい」だけじゃない /
使いこなしたい want の用法

wantの由来・語源

元々は「欠けている」を表す単語。「欠けている→必要」の意味に派生。

一緒に確認しておきたい関連単語

prefer：〜を好む
require：〜を必要とする

1. ～したい、～がほしい ※願望・願いを持つこと
   I want to join the music club. 音楽部に入りたいな。
   What do you want for breakfast? 朝ご飯何がいい？

2. (誰か) に～してほしい
   ※相手に「～してほしい」「～になってほしい」という願望を伝える時に使う表現
   I want you to be a teacher. 私はあなたに先生になってほしい。
   I want you to be here. ここにいてほしい。

wantを使った頻出表現

❶ **Do you want to ～ ?** ：～しない？
   ＊「～したい？」という意味から、相手に行為を勧める表現。丁寧に言いたい時はWould you like to ～？を使おう！

   Do you want to go shopping with me?
   私と一緒に買い物行かない？

❷ **Do you want me to ～ ?** ：～しようか？
   ＊自分が相手に「～しようか？」とカジュアルに提案する時に使う表現。
   Do you want me to pick you up? 迎えに行こうか？

wantを使って英語に言い換えよう！

（1）ランチ行かない？

（2）あなたが来たいなら来ていいのよ。

（3）何か持って行こうか？

（4）その机を片付けてくれる？

（5）話を聞いてほしいんだけど。

（6）何をすればいい？

（7）何でも食べていいよ。

（8）コーヒーは甘くしてください。

（9）誕生日に何がほしい？

（10）おかわりほしい？

wantで作った英文をチェックしてみよう！

(1) **Do you want to go for lunch?**

＊カジュアルなシーンでは、want to = wanna と短縮して言うこともある。

(2) **You can come if you want.**

You can 〜 if you want の形で「あなたが望むなら〜できますよ」という意味のよく使う表現。

(3) **Do you want me to bring anything?**

＊ Do you want me to 〜？は「〜しようか？」でそのまま覚えてパッと使えるのが理想だが、仮にそれを知らなくても「あなたは私に何か持ってきてほしいですか？」と言い換えられればOK。丁寧に言いたい時は、Would you like me to 〜？を使おう。

(4) **I want you to clean up the desk.**

＊全文を「あなたに机を片付けてほしい。」と言い換え。丁寧に言いたい時は、I would like you to 〜 を使おう。

(5) **I want you to listen to me.**

＊全文を「あなたに私の話に耳を傾けてほしい。」と言い換え。日本語にはない主語 I と目的語 youを付ける。

(6) **What do you want me to do?**

＊全文を「私に何をしてほしい？」と言い換え。

(7) **You can eat whatever you want.**

＊全文を「あなたがほしいものは何でも食べられる。」と言い換え。whatever を wheneverに言い換えると、「いつでも」という意味になる。

(8) **I want my coffee sweet, please.**

＊全文を「私のコーヒーを甘くしてほしい。」と言い換え。

(9) **What do you want for your birthday?**

(10) **Do you want some more?**

＊全文を「もっとほしい？」と言い換え。

49 wish

＼ 願うだけじゃない！／
押さえておきたいwishの5つの意味

wishの由来・語源

願望。過去については変えることができないので「〜だったらよかった」
と表現。

一緒に確認しておきたい関連単語

envy：〜をうらやましいと思う

aspire：（〜を）熱望する

押さえておきたい**wish**が持つ意味

1. ～を願う、思う
※実現が不可能なこと、難しいこと、過去のことも含めて「起こってほしい」「実現してほしい」と願うこと。

I wish the rain would stop. 雨が止んでくれたらな。

2. (名詞で) 願望 ※相手に対する希望

Happy Holidays and Best Wishes.

素敵な休日を。幸運をお祈りします。
＊クリスマスカードや年賀状でよく使われる言葉。

3. ～を願うけどできない ※申し訳ない時や残念な気持ちを伝える時に使う

I wish I could help. 手伝ってあげたいけど。(それはできない)

＊「私が手伝うことができればよかったんだけど。」という意味になるが、実際はできなかった状況となる。

4. 願うけどできない ※相手が言ったことがそうであってほしいと思う時に使う

A: You lost weight! 「痩せたね!」

B: I wish. 「全然 (痩せてたらいいけど…)。」

＊こちらも先の3と同様、希望することが実現できなかった状況となる。

5. ～であればよかった、～すればよかった
※後悔している気持ちを伝える時に使う

I wish I hadn't said that. あんなこと言わなければよかった。

wish

257

wishを使って英語に言い換えよう!

(1) そうだとよかったんですが。

(2) 幸運を祈っているよ。

(3) もっとお金があったらなあ。

(4) そこに行けたらいいんだけど。

(5) A「明日はお休みだよね?」
　　 B「そうであってほしいよ(実際は休みではない)」

(6) 学校でもっと勉強しておけばよかったなあ。

(7) もっと早く言ってくれたらよかったのに。

(8) 私が彼の彼女だったらなあ。

(9) 朝もっと早く家を出るべきだった。

(10) あんなにケーキを食べるんじゃなかった!

wishで作った英文をチェックしてみよう！

(1) I wish I could.

　　*全文を「私ができたらよかったけど、できなかった。」と言い換え。何か依頼されて断る時にも使える。

(2) I wish you all the best!

　　*全文を「あなたに全てが最高であることを願う。」と言い換え。同じ意味で、I wish you the best of luck. という表現もよく使われる。

(3) I wish I had more money.

(4) I wish I could be there.

　　*全文を「私がその場所にいることができれば。」と言い換え。そこにいたいけど、実際は行けない状況を表す。

(5) A : You will be off tomorrow, right?

　　B : I wish.

　　*offで「(仕事などが) 休みに」の意味。

(6) I wish I had studied more in school.

(7) I wish you had told me earlier.

(8) I wish I were his girlfriend.

(9) I wish I had left earlier this morning.

　　*全文を「今朝もっと早く家を出たらよかったと思う。」と言い換え。

(10) I wish I hadn't eaten so much cake!

　　*全文を「ケーキをたくさん食べなければよかったと思う。」と言い換え。

099

50 work

＼「働く」よりよく使う!? ／
よく働いてくれる work の実体とは？

work の由来・語源

「動く」「労働」。またそれによって効果が出ることや、よい方向に進んでいることを指す。

一緒に確認しておきたい関連単語

labor：働く

manage：〜をどうにかやっていく

1. 働く　※名詞で 作業・職場の意味もある
   They work part-time. 彼らはアルバイトとして働いているよ。

2. （機械などが）正常に動く、（薬が）よく効く
   The power button isn't working! 電源がつかない！
   ＊全文を「電源ボタンが正常に動かない！」と言い換え。
   This medicine works well. この薬はよく効く。

3. （スケジュールの）都合がいい
   Monday works for me.　月曜日大丈夫だよ。
   ＊全文を「月曜日は私にとって都合がいい。」と言い換え。

4. （名詞で）作品　※名詞として、小説や絵画などの「芸術作品」を意味する
   I love your work. It is beautiful!
   あなたの作品が大好きだわ。美しい！

❶ **work on ～**：～に取り組む
I'm working on a big project. 大きなプロジェクトに取り組んでいる。

❷ **work out**：（物事・人間関係が）うまくいく、
運動をする、鍛える

It's not going to work out between the two of us.
私たち二人はもう、うまくいかないよ。

❸ **work toward(s) ～**：（目標やゴール）に向けて頑張る
He is working toward a goal. 彼は目標に向けて頑張ってるわ。

workを使って英語に言い換えよう！

(1) そんなに働いてないわ。

(2) 昨日は残業でした。

(3) 私のパソコンが動かない。

(4) 日曜日、都合つくよ。

(5) 彼らはうまくいかないだろうね。

(6) 彼は毎日ジムに行って運動してるわ。

(7) 大丈夫、全てうまくいくよ。

(8) A「論文、はかどってる？」
　　B「今まさにやってるところだよ」

(9) 外資系企業に勤めています。

(10) 私たち会社の同期なのよ。

workで作った英文をチェックしてみよう！

(1) **I don't work that much.**
＊「そんなに」はthat muchで表現。

(2) **I worked overtime yesterday.**
＊「残業でした＝overtime（時間外に）働きました」と言い換え。

(3) **My computer isn't working.**

(4) **Sunday works for me.**

(5) **I don't think they will work out.**
＊全文を「私は、彼らがうまくいくだろうとは思わない。」と言い換え。

(6) **He works out at the gym every day.**

(7) **Don't worry. Everything will work out.**
＊Don't worry.で「心配しないで。」の意味。

(8) **A：How is your paper coming along?**
　　B：I'm working on it
＊「はかどる＝うまくいく」と言い換え。come along で「うまくいく」の意味。paperは「論文」の意味がある。「今やってるところ＝今取り組んでいるところ」と言い換え。

(9) **I work at a foreign company.**
＊全文を「外国の会社で働いています。」と言い換え。

(10) **We started working at the same time.**
＊「会社の同期＝同じ時期に働き始めた」と言い換え。

語学書ベストセラー100冊リスト（順不同）

1 『「超」英語法』野口悠紀雄／講談社

2 『國弘流英語の話しかた』國弘正雄／たちばな出版

3 『日本人の英語』マーク・ピーターセン／岩波新書

4 『伝わる英語表現法』長部三郎／岩波新書

5 『迷える英語好きたちへ』鳥飼玖美子、斎藤兆史／インターナショナル新書

6 『英語は絶対、勉強するな!』鄭讃容／サンマーク出版

7 『英語は逆から学べ!』苫米地英人／フォレスト出版

8 『「英語を話せる人」と「挫折する人」の習慣』西真理子／明日香出版社

9 『英語上達完全マップ』森沢洋介／ベレ出版

10 『全くダメな英語が1年で話せた! アラフォーOL Kayoの『秘密のノート』』重盛佳世
／マガジンハウス

11 『1週間で英語がどんどん話せるようになる26のルール』上野陽子／アスコム

12 『頑張らない英語学習法』西澤ロイ／あさ出版

13 『爆笑! 英語コミックエッセイ 日本人のちょっとヘンな英語』デイビッド・セイン、中
野きゆ美／アスコム

14 『朝から晩までつぶやく英語表現200』キャサリン・A・クラフト、里中哲彦／筑摩書房

15 『日本人の9割が間違える英語表現100』キャサリン・A・クラフト、里中哲彦／筑摩
書房

16 『日本人が言えそうで言えない英語表現650』キャサリン・A・クラフト、里中哲彦／
青春出版社

17 『先生、その英語は使いません!（学校で教わる不自然な英語100）』キャサリン・A・
クラフト、里中哲彦／DHC

18 『英語の発想がよくわかる表現50』行方昭夫／岩波書店

19 『難しいことはわかりませんが、英語が話せる方法を教えてください!』スティーブ・
ソレイシィ、大橋弘祐／文響社

20 『ただのサラリーマンが時間をかけずに8カ月でTOEICテストで325点から925点
になれたラクラク勉強法』杉村健一／アスコム

21 『英会話イメージリンク習得法―英会話教室に行く前に身につけておきたいネイティ
ブ発想』遠藤雅義、Victoria Bloyer／英会話エクスプレス出版

22 『世界の非ネイティブエリートがやっている英語勉強法』斉藤淳／KADOKAWA

23 『海外ドラマで面白いほど英語が話せる超勉強法』出口武頼／KADOKAWA

24 『英語日記BOY 海外で夢を叶える英語勉強法』新井リオ／左右社

25　『A4一枚英語勉強法 見るだけで英語ペラペラになる』ニック・ウィリアムソン／SBクリエイティブ

26　『たった「80単語」! 読むだけで「英語脳」になる本』船津洋／三笠書房

27　『私の英単語帳を公開します! 尾崎式の秘密』尾崎哲夫／幻冬舎

28　『CD BOOK 中学3年分の英単語が10日間で身につく〈コツと法則〉』長沢寿夫／明日香出版社

29　『英語語義イメージ辞典』政村秀實／大修館書店

30　『英会話・やっぱり・単語』守誠／講談社文庫

31　『100語で伝わる 魔法の英単語ランキング』Cozy ／西東社

32　『mini版 学校では教えてくれなかった ネイティブにちゃんと伝わる英単語帳』デイビッド・セイン／アスコム

33　『英語は20の動詞で伝わる』佐藤洋一／かんき出版

34　『読まずにわかる こあら式英語のニュアンス図鑑』こあらの学校／KADOKAWA

35　『究極の英単語 SVL Vol.1 初級の3000語』アルク英語出版編集部、阿川イチロヲ、小石裕子／アルク

36　『キクタン英会話【基礎編】』一杉武史／アルク

37　『わんわんの芋づる式図解英単語』わんわん／ソーテック社

38　『イラストでわかる 中学英語の語源事典』清水建二、すずきひろし、ウィリアム・J・カリー／PHP研究所

39　『書き込み式 ネイティブが頻繁に使う120の句動詞で英語を使いこなす!』長尾和夫、トーマス・マーティン／三修社

40　『ネイティブが会話で1番よく使う英単語　中学英単語100』山崎祐一／Jリサーチ出版

41　『中学3年間の英単語がイラストで覚えられる本』久保聖一、オフィスシバチャン／KADOKAWA

42　『NHK基礎英語 これだけ英単語300』投野由紀夫、NHK「基礎英語」制作班／ディスカヴァー・トゥエンティワン

43　『海外ドラマはたった350の単語でできている』Cozy ／西東社

44　『一億人の英文法 ──すべての日本人に贈る「話すため」の英文法』大西泰斗、ポール・マクベイ／東進ブックス

45　『総合英語 Evergreen』墺タカユキ／いいずな書店

46　『ALL IN ONE』高山英士／ Linkage Club

47　『ハートで感じる英文法 決定版』大西泰斗、ポール・マクベイ／ NHK出版

48　『英文法の鬼100則』時吉秀弥／明日香出版社

49　『ゼロからスタート英文法』安河内哲也／Jリサーチ出版

おわりに

日本にいながら
英語力を伸ばすことができた理由

　私自身がこの本を通して一番伝えたかったのは、「英語学習はシンプル」だということ。私自身が何度も英語に挫折してきた中で、今その頃を振り返って思うのが、失敗した原因は「やらなくていいことをやりすぎていた」ことだからです。

　本を何冊も買い、いろいろな勉強方法を取り入れ、自分自身何がいいのかわからなくなっていました。

　今は様々な情報があふれている時代だからこそ、過去の私と同じように何をやればいいのか判断できなくなっている人が多い。自分が何か手を差し伸べることができたら…、それがこの本を作った理由です。

　さて、私自身が英語に苦戦していた時、「英語ができなくても生きていける！」と開き直って諦めたくなったことが何度もありました。

　そんな状況を変えたのは京都での大学生活でした。2年で日本にいながら英語が急激に伸びた理由は、たった1つ。それは、自分に合う勉強法に出会えたこと。

　以前までは、新しい本を買ってはどれも中途半端な使い方をする始末。単語を紙に殴り書きをしたり、フレーズをそのまま暗記したりの繰り返しでした。そんな行き当たりばったりだった勉強方法を全

てやめ、本書でお伝えしてきたステップを踏み、ひたすらトレーニングし続けたのです。

　それが冒頭でもお伝えした、「独学で勉強できる状態」を作ることに繋がったのでした。

　そこで、私から最後にあなたに1つだけお伝えしたいと思います。それは、この本でお伝えした勉強方法があなたにとって「合ってる」「やっていて楽しい！」と思ってもらえたなら、このトレーニングに集中して最低半年は続けてみてほしいのです。

　英語力は残念ながら、英語を学び始めてすぐに伸びるものではありません。自分自身が伸びを実感できるまで、少し時間がかかります。多くの方はそこで諦めてしまい、結局元に戻ってしまうのです。

　そして、そんななかなか変化が感じられない時に思い出してほしいのは、英語を習得させるのにセンスや才能なんて必要ないということ。語学の天才はいるかもしれません。でもそれはわずか一握りでしょう。

　センスや才能を当てにせず、ひたすらコツコツと決めたことをやり続ける。継続のためならと、少しの変化や成長をちゃんと楽しむことができる。実はこれが大事で、この「楽しさを見出す力」こそが、語学習得にとって最強の味方なのです。

学んで身につけた知識やスキルは
一生の武器になる

「英語ができなくても生きていける」

　あなたも過去の私のように、そう思っているかもしれません。日常で英語を使わないから、英語の勉強をつい後回しにしてしまう。そんな方も少なくないはず。

　しかし、もし少しでも「英語が話せるようになりたい」と思っているのなら、優先順位を上げて取り組んでほしいのです。なぜなら、学び、そしてそこで身に付けたスキルや知識は、あなたの一生の武器になるから。

　私自身も、実は英語を後回しにしていた一人。でも18歳の時、向き合わざるを得ない状況になり、優先順位を上げ必死に勉強を始めました。なかなか上達せず、もうやめたいと思ったこともありました。でも手に入れた英語力のおかげでその後、大怪我をして仕事を退職し無職になった時も、そして田舎に住み子どもを産んで働き方に悩んだ時も、英語で人生を一歩前に進めるきっかけを作ることができたのです。

　2020年のコロナウイルスの流行のように、これからの人生において急に生活の変化を余儀なくされたり、何か壁にぶち当たったりすることがあるかもしれません。でもどんな状況になろうとも、学んだことだけは誰にも奪われないし、武器になってくれる。だから大人になっても何かを学び続けてほしいのです。

　この本を読むことで、「学ぶことって楽しいな」「大人になった今も、

また何かを一生懸命学んでみたいな」と、そんなきっかけになれば嬉しいです。

　最後に、この本の制作に関わってくださった全ての方にこの場を借りてお礼を伝えさせてください。出版するきっかけをくださり、企画に関してご指導くださった長倉顕太さん、原田翔太さん。例文作成や校正にご協力くださった、英語のコーチのAmanda Weeさん、関まさこさん、宇佐美翠さん、鶴敦子さん、丸尾ゆかりさん、施永薫さん、トマソン可菜さん、松下直子さん、森林あかねさん、石部さゆりさん、谷口裕美さん、横田晴美さん、妹川緋奈子さん、木村ともみさん。素敵なイラストを提供してくれたありす智子さん。そして共にこの本の制作に一緒に関わってくださったGakkenの杉浦博道さん。SNSで応援してくださる方をはじめ、他にも書ききれないほど多くの方々、本当にありがとうございました。

2023年2月23日　武智さやか

語学書ベストセラー100冊を研究して「最強の英会話本」を作ってみました。

2023年3月7日　第1刷発行
2024年4月5日　第7刷発行

著　者	武智さやか
発行人	土屋 徹
編集人	滝口勝弘
編集担当	杉浦博道
発行所	株式会社Gakken
	〒141-8416　東京都品川区西五反田2-11-8
印刷所	中央精版印刷株式会社

●この本に関する各種お問い合わせ先
本の内容については、下記サイトのお問い合わせフォームよりお願いします。
https://www.corp-gakken.co.jp/contact/
在庫については　Tel 03-6431-1199（販売部）
不良品（落丁、乱丁）については Tel 0570-000577
学研業務センター　〒354-0045 埼玉県入間郡三芳町上富279-1
上記以外のお問い合わせは Tel 0570-056-710（学研グループ総合案内）

学研グループの書籍・雑誌についての新刊情報・詳細情報は、下記をご覧ください。
学研出版サイト　https://hon.gakken.jp/